中国文化史話①　古都北京編

紫禁城
天壇
頤和園

「史話」編集委員会　編著
福井ゆり子（紫禁城）
森田六朗（天壇／頤和園）訳

あんずの本

目次

紫禁城　天壇　頤和園

紫禁城

故宮博物院を知る

福井ゆり子　訳

天壇

「天人合一」の宇宙観の体現

森田六朗　訳

頤和園

中国庭園芸術の最高到達点

紫禁城

故宮博物院を知る

福井ゆり子　訳

はじめに

「紫禁城」は中国の明・清両朝にわたる皇帝の宮殿であり、天子の居住場所、そして日常の政務をとる場所であった。明の永楽帝がその紫禁城を建てた時から数えて六百年余りの歴史を有し、現在は「故宮」「故宮博物院」の名で北京に堂々とその威容を誇っている。

七十二万平方メートルの紫禁城は、大小無数のさまざまな様式の建築物が建造され、殿堂・仏閣、あずまやや高楼、花園や築山、多くの種類の魚が悠々と泳ぐ池などあらゆるものがある。民間の伝説では、紫禁城には部屋が「九千九百九十九と半分」あり、この数は天帝が住む天宮の一万部屋よりも半部屋だけ少ない。それは皇帝が天帝の子だから天帝にちょっと譲っただけで、そうでなければ際限なく一体どれだけのものを建てたか分からない、というのだ。

伝説はもとより科学的なものではないが、この話は人々にずらりと並んだ宮殿の多さを教えるものとなっている。これらの宮殿は中国の古建築の傑作であるだけでなく、封建時代の礼制が集中的に具現されたものでもある。

皇帝は金鑾《きんらん》宝殿に端座し、大臣たちが位にしたがって広場に立つ。無数の石段は君臣を繋《つな》ぐ通路であり、また二者を隔てる境界でもある。目前には香炉の煙が立ちこめ、耳には美しい音楽が聞こえ、皇帝の威厳と大臣の地位の差を明確に際

立たせている。

建築以外にも、故宮は中国の古代文物が最も集中的に収蔵されている場所であり、書画、陶磁器、時計、玉器、漆器、金石（青銅器や石器）、文献典籍、宗教的彫像、珍宝、宮廷日用品や装飾品などの数は極めて多く、精美なものばかりである。故宮には書画、陶磁器、時計、玉器、漆器、青銅器、珍宝などの陳列館がそれぞれに設けられ、中国文化の幅広さ、奥深さを見せつけていて、何千何万もの国内外の観光客を惹き付け、夢中にさせている。

故宮にあるどのレンガも、どの瓦も、すべてそれぞれの物語をもっている。ここにあるどの部屋も、すべてに当時の政治と幾重もの繋がりがある。「正大光明」の扁額の後ろには、いったいどれだけの陰謀や罠があったのだろうか。金鑾宝座の呪詛が、どれだけの血なまぐさい嵐を呼んだのか。梵華楼で皇帝が座禅を組んだのは、修行のためだったのか、懺悔のためだったのか。珍妃井《ちんぴせい》にまつわる后妃たちの晴らすことのできない冤罪は、家庭内の問題だったのか、それとも国家・政治の問題だったのか。

これから故宮という厚く重い歴史を背負った大門を開き、みなさんをその中へ案内し、紹介していこう。

第一章

紫禁城の造営

故宮

一　なぜ北京を都としたのか

明が北京に都を遷《うつ》す前、北京は遼・金・元という三王朝の都であった。遼・金・元は中国北方少数民族が打ち立てた政権であり、すべてここに都を置いたのは、南の漢族の王朝と対峙する際に、軍事戦略上有利な位置を占めることができるからだ。

明は建国された当初、南京を都としていた。南京は戦略的な土地で、古来より都を置く理想の地と考えられてきた。建国の皇帝・洪武帝（朱元《しゅげん》璋《しょう》）の死後、皇位は孫の朱允炆《いんぶん》（建文帝）が継承した。建文帝は一族・諸王の力を削ぐ政策をとって、各地の王の権力を弱めようとした。朱元璋の第四子である燕王・朱棣《しゅてい》は機を見てその他の王と連合し、一三九九年に「靖難《せいなん》の役」を起こし、四年後に南京を攻め落とした。建文帝は失踪し、朱棣が即位して明の永楽帝（成祖）となった。

明の永楽帝は皇位を奪ったが、封建時代の正統観念からすれば、彼はしょせん皇位を簒奪《さんだつ》した反逆者である。建文帝を擁立した人々は彼にずっと不満を抱いていたため、永楽帝は南京を安全と思わず、しかも彼が長期間にわたって居住していたのが北方の地だったこともあり、南京の気候に適応できず、都を彼の自邸のある北平《ほくへい》（北京の古名）に遷す機会を常にうかがっていた。が、大臣たちが反対するのを恐れ、公にすることはなかった。しかし、遷都計画は着々と進められて、北平は北京と改称され、永楽帝もまたしばしば北へ巡視に出かけ、モンゴルの残余勢力の征討に当たっていた。

永楽帝が北京に滞在する時間が長くなればなるほど、北京は明の政治・軍事・文化の中心となっていった。時機は熟したと見た永楽帝は、大臣に命じて北京の造営を始め、紫禁城を建造し、一四二一年、正式に北京に遷都した。

二 紫禁城はどのように建設されたのか

故宮は紫禁城ともいい、明・清二王朝の皇帝の宮殿であった。

皇帝は天子ともいい、天子とは天帝の子の意味である。天帝は紫微垣《しびえん》（北斗星の北にある星座）に住むとされていた（『後漢書』巻四十八に、「天に紫微宮あり、上帝の居る所なり」と記されている）。

天帝（上帝）の子はこの世にあってもそれにふさわしい宮殿に住むべしとされ、そのため皇帝の宮殿も紫宮と称された。皇帝の住む場所は市井の民が入れない禁区なので、月日の経

紫禁城前部の三大殿

つうちに「紫禁城」と呼ばれるようになったのである。明・清代の紫禁城は元代の大内裏の基礎の上に建造されたものだが、それは二重の意味をもっている。一つは、紫禁城の建造には元朝の大内裏の建築スタイルが参考にされたこと、もう一つは、残っていた元代の建築物を一部利用したことだ。

紫禁城建設の準備は永楽五年（一四〇七年）に開始され、それは北京全体の街づくりと同時だった。紫禁城が北京という都市の中心であり、都市全体の造営の中で最も重要な部分である以上、北京の都市造営は帝王の宮殿建設が先決条件となる。正式に着工したのは永楽十五年で、永楽十八年にはすべてが完成した。この時期に三大殿（奉天殿、華《か》蓋《がい》殿、謹身殿のこと。清代には太和《たいわ》殿、中和殿、保和《ほわ》殿と呼ばれた）と、二宮（乾清宮、坤寧宮）、文華殿、武英殿などが建造され、基本構造は中軸線を挟んで対称の配置で、前部が政務を行う空間、後部が生活空間となっている。

永楽十九年（一四二一年）、宮殿が完成して半年も経たないうちに落雷による火災で三大殿が全壊した。正統五年（一四四〇年）、明の正統帝は各監督局と交替制の大工三万

乾清宮

人余り、三万六千人の軍を動員し、一年半をかけて奉天殿、華蓋殿、謹身殿を再建した。嘉靖三十六年（一五五七年）と万暦二十五年（一五九七年）に三大殿は再び落雷に遭い、嘉靖年間には三大殿のみならず文楼、武楼、奉天門（太和門）、左順門、右順門、午門外の左右回廊も被害に遭った。万暦年間の被害も嘉靖年間の時とほぼ同じだったが、午門外の回廊には被害が及ばなかった。

紫禁城、特に三大殿とそれに付属する建築物は何度も焼け落ち、再建がなされるうちにもとの構造に変化が生じた。正統帝時代の再建工事では、永楽帝時代の紫禁城建設に参加した蒯祥《かいしょう》などの著名な大工がまだ健在で、もとの建築構造と施工方法が採用された。加えて紫禁城建設の際に使われた石材、木材、レンガ、瓦などの建築材料もまだ残っていたため、修復作業は順調に進み、おおむね以前の建築の姿を保っていた。嘉靖帝時代には、壊れた建築物の修復に対し、厳嵩《げんすう》の提案が取り入れられ、基本的に派手に飾らず、規模を縮小することとなった。

三大殿は三台の基壇が変わらなかっただけで、そのほかは適宜削減された。材木の伐採過多により、特別に太い木材はすでに入手困難になっていたため、ある場所では一本の木を中心に、周りを八本の木で包んで一本の柱とする方法が用いられた。明梁《めいりょう》（目にみえる所にある梁）も同様で、三本あるいは四本の木を集めて一本として使った。クスノキの代わりにスギが使われた。万暦から天啓年間（一六二一〜一六二七）までの紫禁城の修復では、さらに簡約化された現実に即したプランが採用された。

天啓元年（一六二一年）、御史《ぎょし》（監察官に当たる）の王大年が再度倹約を求め、「昔は、茅葺の屋根、土を固めた階段であっても帝王の徳は光輝いており、粗末な宮殿の狭い部屋であっても、すべてが禹（中国古代の聖王）の功績によるものだった。現在、通りに敷かれている石は十数年もかけて切り出し、数万もの人夫がこれを運んできたが、幅と厚みを減らし、無駄をなくしたほうが効率的だ」と上申した。

「柱石も大きいものは量を減らしても問題はない。奇花、異石、金磚《きんせん》は収集・運送費用が膨大で、鉄木などの木材は入手が難しいので、別のもので代用したほうがよい」とも提案している。この提案は、通りに敷かれた石や柱石を従来のサイズで進めるほかはすべて、天啓帝が嘉《よみ》した。

宮殿建造で必要とされる石材は、主に北京近郊で採石された。順義区牛欄山と門頭溝区馬鞍山の青砂石、白虎澗などにある豆渣石《とうさ》（黒雲母花崗岩）、房山区大石窩の青白石（大理石の一種）、河北省保定市曲陽県の大理石などである。

宮殿で用いられた石材は数量が多いだけでなく、サイズも相当大きかった。特に初期には基壇上部にある階段の石材は、長さと各段の幅が一致していなければならず、宮殿の前の

中和殿

御道《ぎょどう》と中軸線上の御街《ぎょがい》にも巨大な石板を敷かなければならなかった。明代に造られた紫禁城は五トン以上の石材を一万個以上必要としたとの調査報告がある。

紫禁城には現在も多くの石彫が残り、保和殿後部にある長さ十七メートルに達する丹陛石は明代のものである（清の乾隆年間にもとの模様を削り、その上に新たな模様が彫られた）。装飾に必要な石材、例えば乾清・坤寧二宮で使われた春雲出谷、泰山喬岳、神龍雲雨、天地交泰、玉韞山光などは、雲南などから運ばれた。

レンガも宮殿建築の重要な資材だ。この宮殿の構成要素であるレンガは、形と用途の違いにより二種類に分けられる。

一つは城壁や宮殿の建設に使われる城磚《じょうせん》で、もう一つは地面に敷く方磚だ。城磚は山東省の臨清窯《りんせいよう》で焼かれたものが最も多い。『明会典』の記載によると、臨清窯で焼かれたものには、城磚、副磚、券磚、斧刃磚、平身磚、望板磚、方磚などの多種のレンガがある。これらは現地の土を用い、まず大小のふるいをかけ、水でろ過して沈殿させ、さらにその沈殿池の中から泥をとって何度も踏み固め、型に入れて焼いていく。薪や藁、麦わらなどを窯に入れ、半月かけて焼き、半月かけて乾燥させ、どの窯でも薪が四、五十トン必要で、一窯あたり一千~四千個のレンガができる。

地面に敷くために用いられるキメの細かい方磚は、多くが江南の蘇松七府のものだ。製造法は、まず粘りがあってばらけず、粉状だが砂状ではない粘土を取り、焼く場所まで運んで「凍土」にし、その組織を分解させ、硬い塊がないようにする。次に「凍土」に水と泥を加え、何度も踏み込んで粘りを出す。さらに生レンガにして、風通しの良い場所に二カ月間置いて乾燥させた後、窯に入れて焼き上げる。

焼く時にもかなり入念な作業が必要で、焼き窯には百個程度しか入れず、周囲を雑レンガで保護し、窯の水滴がレンガの上に落ちて白い斑点にならないようにする。窯は最初は低温で、後には高温で焼く。まずは糠草《ぬかぐさ》で一カ月間燻《いぶ》し、次に割った薪と丸ごとの薪でそれぞれ一カ月間ずつ焼き、その後に松の枝で四十日間焼いて窯から出す。

これらのレンガは北京に運ばれた後、さらに切ったり磨いたりの加工が加えられ、水平を計り、泥を敷き、水糸を張り、試し敷きをし、平らに敷きつめ、油を浸みさせるなどの多くの工程を経ていくことになる。このレンガ製造技術は独特で複雑な方法が用いられるため費用が高く、皇帝の宮殿や陵墓以外で使われる例はなく、民間ではそのためにこれを「金磚」と呼んでいる。

紫禁城で用いられた木材は主に四川、湖南、湖北、浙江、江西、山西などのものである。

これらの木材はおもに水路で北京に運ばれた。湖北、湖南、四川、江西などからは漢水、湘江、嘉陵江、贛江などを経由して長江に入り、さらに大運河・通恵河《つうけいが》を経て運ばれ、浙江のものは大運河から直接北上し、山西のものは桑干河《そうかんが》と永定河を通って運ばれた。集められたのはすべて貴重な大木で、クスノキが多く、長いもので六、七丈、直径は一丈六七、尺あり、神木廠《しょう》と大木倉に保存された。ある記録によれば、大木倉には三千六百の部屋があり、永楽帝の時代に都と紫禁城の建設工事が終わった後も、その倉庫には三十八万本余りの木材があった、とある。

午門と護城河（堀）

　このように巨大な宮殿建築群は、大量の良質な建築材料を必要とするだけでなく、合理的な工程管理と優れた大工が必要であり、紫禁城が建設できたのも、工程管理者と施工者の心血と才智を集めたからにほかならない。こうした複雑で巨大な工事の中で、まず、工程管理者は北京の通恵河を浚渫することから始め、これを運河・長江へと繋げ、建築材料が滞りなく北京まで運ばれるようにし、こうして紫禁城建設に万端の環境を準備したのだ。次に、護城河（堀）、太液池《たいえきち》、紫禁城内河を開通させ、これらを紫禁城の地下排水システムに繋げ、施工用水と雨水排出の問題を解決した。

永楽五年（一四〇七年）に大工たちが北京に集められてから、永楽十五年に正式に紫禁城が完成するまでは十年間だが、実際に建造が行われた期間はわずか三年余りだった。つまり十年の準備期間中にすべてを完全に整えておいたのである。このため、工程管理者は、北京に神木、大木、台基、黒窯、瑠璃という五大工場《こうば》を設置し、各地から運搬されてきた材料を収集し、青瓦や瑠璃を焼かせ、各種の部材を作らせた。これらの部材はすべて実際の工事に基づいて設計されていて、規格や様式が揃い、計算は正確であったため、実際の施工期間を短縮し、効率をあげることができた。

これらの工程管理者の中では陳珪《ちんけい》や阮安《げんあん》が特に際立っていた。

泰寧侯・陳珪は永楽帝朱棣の腹心で、朱棣の即位後、陳珪は北京を守り、北京の改築工事の責任を負った。彼の計画は見事で、永楽帝に認められ、紫禁城の建設の際に建築工程師の印《いん》を与えられている。

阮安は太監（宦官《かんがん》）で、またの名を阿留といい、交趾《こうし》（現在のベトナム）の人であった。正統年間に北京の堀九カ所、二つの宮殿と三つの殿宇および王府衙門を建造して名を挙げた。

大工の中では、木工職人の蒯祥《かいしょう》が最も傑出している。蒯祥は呉県（現在の江蘇省蘇州）の人で、大型工事の指揮を得意とした。彼は永楽年間の紫禁城の宮殿建設、正統年間の三大殿再建、そのどちらにも関わっている。宮中で修繕が必要とされると、いつでも蒯祥が呼ばれた。当時、蒯祥のことを「さっと測っても正確で、さほど注意しなくても作ればもとの場所にぴったりとおさまり、誤差さえない。大工たちを使う時、その教えに背く者がいれば、それは皇帝の意思に背くに等しい」と評していた。それゆえだろうか、「彼が両手に筆を執って龍を描くと、二つともまったく同じだった」という逸話も伝わっている。

職人・蒯祥は、初めは営繕所長の職につき、工部左侍郎にまで出世し、一品の位の俸給を食《は》み、憲宗の時代には八十余歳であったが現役で、皇帝にはいつも蒯魯班《ろはん》（魯班は古代中国の著名な工匠）と呼ばれていたという。

紫禁城の建設に功績があり、高官にまで上りつめた職人としてさらに、石工の陸祥、木工職人の蔡信・徐杲《こう》、瓦工の楊青らがいる。陸祥は構想が巧みで、かつて平方寸の石を用いて四角い池を彫刻したところ、池の中には魚や藻などのすべてが整っていたそうである。楊青が装飾した宮殿の壁や棟、梁は色彩鮮やかで圧倒的な風格が漂っていて、大いに絶賛されている。

清が北から北京に入った後、紫禁城のほとんどの基本構造をそのまま踏襲したが、多くの建築物が火災などで焼け落ち、新たに建てたものには部分的な変更が加えられた。必要に応じて、乾隆帝時代には新たに皇極殿区や多くの仏堂、戯台《ぎだい》などの建築物が建てられていった。

三　紫禁城の建築物の配置とその意味

建築は一種の文化であり、文化が異なれば異なる建築スタイルが生まれる。中国古代建築にはシンボライズされた多くの意味があり、それらは「一種の建築言語」だと考えられている。

紫禁城の宮殿は、皇帝という存在の意味を表現し、象徴するものであり、つまり皇帝権力を建築という言語で最も集約的に表現している場所なのである。

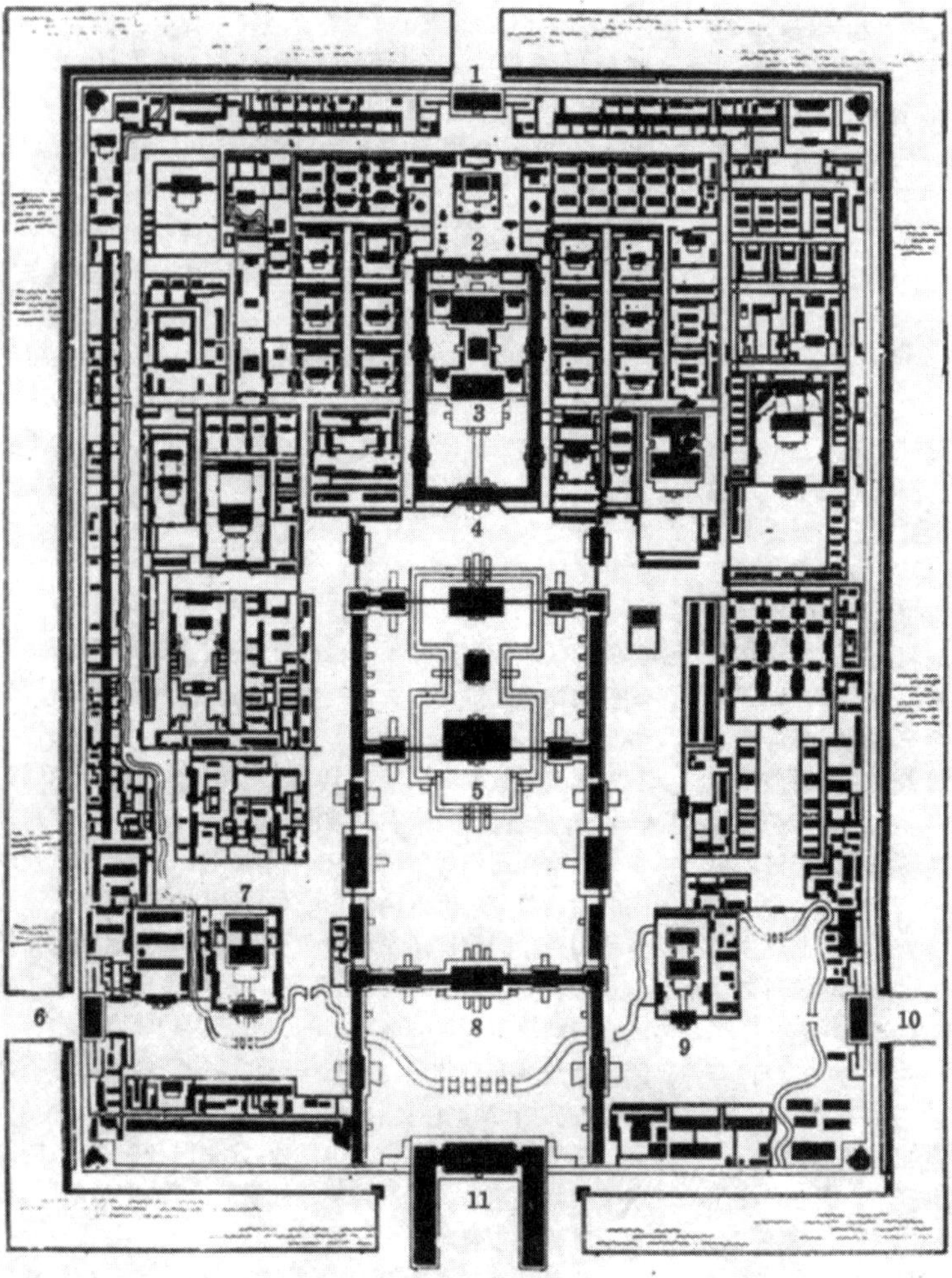

「紫禁城宮殿平面図」

１神武門　２御花園　３乾清宮　４乾清門　５太和殿　６西華門
７武英殿　８太和門　９文華殿　10東華門　11午門

太和殿

㈠ 天子が中心

「皇居の壮大さを目にしなければ、天子の尊さがどうして分かろうか」といわれるように、北京全体の都市計画は紫禁城が中心となっている。皇帝（天子）が帝都の中心にいることは、その権力の正統性を示すだけでなく、天子としての尊さ、天にかわって理想の政治を行うことをも象徴している。

紫禁城の三基台は、構造的に見ると「主」の字状になっており、皇帝が四海を擁し、万民の「主」であることを暗示するものだと考える人がいる。基台が地面よりもかなり高くなっているのは、上は天に接し、下は沃土と繋がっているという直感的な解釈が成り立つ。また、これは「土」という字を示しているもので、「広大な天の下で、王土ならぬところはなし」、つまり、皇帝は大地の支配者であることを寓意していると考える人もいる。

その上に建つ太和殿は、幅は十一間（この「間」は柱の間の数）、奥行きは五間で、七十二本の巨大な柱で古建築中最高ランクとされる二重の寄棟造りの屋根を支え、皇帝の権力が至上で、最も尊いということを余すところなく表している。また、外朝にある中和・保和・文華・武英と、内廷にある乾清・坤寧・日精・月華などの殿宇は、君命は天授のものであることを示し、建物自体が天・地・人の融合を象徴している。

㈡ 陰陽五行

中国古代の哲学者は、陰陽とは世界の二つの対立する主体であり、天地の道であり、万物の要であると考えた。

陽は幹で、奇であり上である。

陰は坤であり、偶であり下である。

五行は、木、火、土、金、水の世界を構成する五大元素であり、これに対応する方角は東・南・中・西・北で、色は青・赤・黄・白・黒である。木は東にあって青である。火は南にあって赤である。土は中央にあって黄である。金は西にあって白である。水は北にあって黒である。五行は相生する（順に相手を生み出していく）だけでなく、相克する（順に相手を打ち滅ぼしていく）。

相生の順序は、水が木を生み、木が火を生み、火が土を生み、土が金を生み、金が水を生むというもので、相克の順序は木が土を滅ぼし、土が水を滅ぼし、水が火を滅ぼし、火が金

午門

を滅ぼし、金が木を滅ぼすとされる。

紫禁城は外朝と内廷という二つの部分に分かれている。

外朝は前部にあり陽。その数は奇数で、縦方向に太和・中和・保和の三殿を配し、横方向に文華・太和・武英の三殿を置く。大殿の中心部分は三重の須弥《しゅみ》座を重ねたもので、三台という。前朝の門は五重になっており、午門はまたの名を五鳳楼という。

内廷は後部にあり陰。その数は偶数で、中軸線上に乾清・坤寧の二宮が並び、東西にそれぞれ六つの宮殿が配されている。その台基の数もまた偶数である。

五行の相生の法則からいうと、東は木で、その色は青、位置は東華門付近の文華殿で、緑色の瑠璃瓦で覆われている。北は水に属し、宮殿の後苑と景山周辺にあり、大量の樹木が植えられ、水を引いて木を育んでいる。中央は土で、紫禁城の中軸線上にある正殿はすべて黄色の瑠璃瓦で葺かれ、壁や装飾は赤色で、火が土を生むという考え方に対応している。ところが、紫禁城外朝の中軸線にはほとんど緑が用いられず、樹木も植えられていないが、それは土と木の相克を恐れてのことだ。

陰陽五行は建築の中でしばしば風水として現れる。風水からいうと、南京の皇宮は南京城が特殊な位置にあり、都市全体が湖を埋め立てて建設されたために地盤が弱く、都市が傾斜する結果となり、南が高く北が低くなってしまった。このことを洪武帝は非常に後悔し、気に病んだだけでなく、後に永楽帝が北京に遷都した一因ともなった。そのため、紫禁城の造営は最初から風水・地勢・自然に注意が向けられた。

マクロ的に見れば、北京は北に太行山脈、東に海があり、北高南低で、冬は陽に向かって風を背にし、夏は陰を受けて風に面するため、紫禁城は環境的に極めて有利であった。

ミクロ的に見ると、紫禁城北部は南よりも一メートル余りも高くなっていて、宮殿の背後には堀を造った時の土を積み上げてできた景山があり、金水河の水が西の方向から流れて来て、内廷の壁に沿って東へと流れているのは、古代建築の風水思想と明らかに合致している。

景山は元の大内裏である延長春閣跡に造られたもので、その目的は二つある。第一に、紫禁城北部の壁となり、宮殿全体を束ね、皇城の気勢をこれによって上げるというもの。第二に、これにより元代の皇室の風水を封じ込め、その命脈を断つというものだ。

永楽帝が紫禁城を造営した時にはまだ元朝の残余勢力が温存されていて、彼らは北京から大砂漠に撤退した後も朝廷を維持しており、明朝と敵対し北京奪還の準備をしていた。景山がある場所は、元代の大内裏後宮・延春閣の跡地であるだけでなく、明代の北京では都市の図形的な中心であった。その北京の中心を選んで人工的に高所を作り、元朝の風水を押さえ込んだのは、当然、紫禁城の設計者が緻密に思考を重ねた末に選び取った方法であった。

㈢ 中軸線

　紫禁城の建築構成は、軸線を中心に順次配列されており、この中軸線が主体となっている。明朝の建築を例にとると、南は大明門（清の時代には大清門といい、その位置は現在の人民英雄記念碑付近）に始まり、北は景山までで、全長約二千五百メートル。主に四つの区画に分かつことができる。

　第一の区画は大明門から午門までの全長約千二百五十メートルで、全体の半分の長さがあり、大明門から千歩廊、承天門、端門、午門がT字状に並ぶ。

　大明門は平地に造られ、単層庇の寄棟造りの屋根で、三つのアーチをもつ煉瓦製の門である。

　千歩廊は細長く低いもので、誘導の役割を担う。

　承天門前までいくと、両側の空間が開け、広場となる。承天門は城台の上に立ち、幅は九間、屋根は二重の入母屋造りで、五つのアーチ門をもつ。

景山から紫禁城を見る

午門へ

端門広場は承天門広場に比べて少し狭く、午門広場は端門広場と同じ幅であるが、奥行きが深い。

午門は南に向かって凹の字の形に開いており、真ん中に高い二重の屋根の寄棟造りの建物を有し、両翼が前に延び、それぞれに単層の庇をもつ方亭が造られ、低い廊下で繋がっているため、午門が飛び出た形になっていて、紫禁城の宮殿の壮観さを際立たせている。

第一区画の配置には抑―揚―抑という手法がとられ、細長い千歩廊から承天門までは抑から揚の流れ、端門から午門までは揚から抑の流れとなっている。

四つの城門は秩序だって配置されていて、北に向かうほど間隔が短くなり、土台が高くなるにしたがって三つのアーチ門から五つのアーチ門となり、平地からそびえる寄棟造りの屋根が、双翼の二重屋根の五鳳楼に変化していく。宮殿は壮麗さを増していき、圧倒感もますます強烈になり、まるで低くゆっくりとした序曲から、しだいに速い旋律へと変わり、主題曲の出現のための最後の伏線となっているかのようだ。

第二区画の中軸線上の主要建築物には、奉天門、文楼、武楼、奉天殿、華蓋殿、謹身殿などがあり、外朝にあたる。この配置は第一区画とちょうど逆の揚—抑—揚で、手法を変えている。表現からみると、「抑—揚—抑」と「揚—抑—揚」は反対だが、前後の関連からみると、やはり一抑一揚の起伏の変化になっているのだ。

第一区画の抑—揚—抑は、第二区画のより広い範囲の上揚のための下地といえよう。第一区画の抑揚の変化の勢いは、小から大へだが、午門でしっかりと収束するのは、奉天殿の威厳をより引き立たせるためである。同じ原理で、奉天門広場は午門の抑圧的雰囲気のもとで広く明るい雰囲気をもち、特に幅が外に広がる感じは、後ろの奉天殿広場と同様である。ここでは明らかに建築物自体の変化で調和を生み出し、午門から奉天門広場へと向かう際に、唐突さやアンバランスを感じさせないようにしている。

奉天殿広場は正方形で、奉天門広場と同じ幅だが、広場よりも奥行きが深い。奉天殿は三段の白石の基壇の上に高くそびえ、基壇が南の広場のほうに突き出し、左右には文楼（文昭閣）、武楼（武成閣）および東西両側の回廊があり、四隅にはそれぞれ装飾的な建物である崇楼が建つ。

故宮角楼と景山

御花園

紫禁城全景

皇帝権力の至上を象徴する奉天殿は、正面が九間、奥行きが五間で、三万平方メートル余りにわたる広い広場と、幾重にも重なる基壇の石の欄干によって、「主」の字型の土台の上に推戴《すいたい》されていて、静かで落ち着きがあり、厳粛である。中軸線上の建築はここで最高潮に達する。平面は四角形で、二重の尖った屋根をもつ華蓋殿と、平面が長方形で二重屋根の入母屋造りの謹身殿は、奉天殿の付属殿として三台の後ろにあって、後方の居住部分と連結させる役割を果たしている。

第三区画は主に乾清宮、坤寧宮、東西六宮、宮後苑（今の御花園《ぎょかえん》の位置にあり、明代には宮後苑といわれ、清代に御花園と改称され現在に至る）で、皇后や妃嬪《ひひん》たちが生活した内廷である。

宮殿の建物はほかの区域よりも密集しており、外朝のような広い広場は少なく、したがって奉天三殿と比べると気勢が弱く、最高潮の後に現れる過渡期というよりほかはない。

第四区画は景山で、厳格な意味ではすでに紫禁城の範囲を超えているが、その設置の目的は明らかに紫禁

景山

城の全体像から考えられたものである。景山は元朝の風水を封じ込めるほかに、紫禁城をまとめるという役割をもっていた。

紫禁城の中軸線からの分布は、基本的に門・広場・殿堂の高低や疎密の組み合わせに主眼を置いていた。奉天殿に至っては、こうしたバランスが最も洗練されて最高潮に達し、いかにして建築物自体をあまり大きくせず、外朝の空間の勢いを抑えるかが考えられた。と同時に、調和がとれ規律ある宮殿群に力強いフィニッシュを与えるために、土を盛って山を造り、紫禁城の守りを固める障壁とした。もちろん方位や気勢においても、変化を追求して平板になるのを避けるなど、すべてにおいて最上の構想であったといえる。

中軸線上には多くの重要な宮殿建築が集中し、明・清二代にわたる宮廷建築の最高水準を示している。大門、長廊、石橋、広場、宮殿といった建築物の高さ・規模・規格は、小から大へ、遠から近へと逐次《ちくじ》強化され、極致に至ると共に、左右に隣り合わせる対称的な建築物により、東西二方向から中軸線に輻輳《ふくそう》し、最終的に中軸線上の建築物の至尊の地位を誇張し、引き立てることに成功している。

建築家は、感情の色合いのまったくないレンガ・瓦・木材・石材などを使って、帝王の尊厳と封建帝国の気概を余すところなく表現したのだ。

㈣ 左右対称

中軸線は左右対称のことであり、そうでないと軸芯が生まれない。左右対称は中軸線の先決条件であり、逆にいうと中軸線の必然的な結果だともみることができる。午門の両翼、文華と武英、文楼と武楼は外朝の対称の代表である。

午門の両翼は、城門上の櫓の左右に対称に置かれており、中軸線までの距離が短く、近対称となっている。文華・武英は、二つの建物が遠く呼応し、その間の距離は大きく、遠対称となっている。文楼と武楼の対称は、上記の二者の中間で、中対称といえる。

対称建築物の大きさ、配置、遠近の違いのため、中軸線との関係も同じとはいえず、用いた手法も異なる。

近距離の対称建築物は体積が小さく、かつ回廊を通じて中軸線と連携を保っていて、主体建築と一体化している。

中距離の対称建築物はその役割と同じく、比較的体積が大きいものの、常識を超えるほどではなく、形式上、南北の縦方向がメインで、視覚的には大きさは感じられない。

文華・武英は遠距離対称で、体積も大きく、視覚的なバランスが求められ、その南北の位置は午門と文楼・武楼の間にあり、形の上での変化をより必要としている。このために、紫禁城全体の構成上、千篇一律の単調さを免れ、画一の中にあっても変化があり、変化があっても画一から逸脱していないのである。

外朝の対称がこのようであれば、内廷もまた同様である。東西六宮と乾清・坤寧二宮も、すべて外朝の対称思想の延長であり、宮後苑ですらその建築・道路・花壇・樹木の配置を可能な限り対称とし、全体の格調の完全と統一を保っている。

㊄ 四合院の組み合わせ

もしも紫禁城の宮殿を分解したとしたら、その基本的な単位が、多くの閉鎖的な建物の組み合わせからなる一つのまとまりであることを発見するであろう。東西六宮、文華、武英、奉天、乾清、坤寧などの宮殿は、みなこうした閉鎖的な単位、中国語でいう院落《ユエンルオ》が基本となっている。

これらの閉じられた院落は、元代の北京の四合院の影響を受けている。北京の四合院は元代にその起源があり、元は大都（北京の古称）を占領した後、八畝（一畝は十五分の一ヘクタール）の土地に一つの住居を建設するように規定し、それを超えることも、小さくすることも許さなかった。それ以来、元の大都は真っ直ぐに伸びた道と道が直角に交差し、四合院が整然と立ち並ぶ基本的な配置構造が形成された。

紫禁城の建設でも、明らかに元の大都にあった建築の中から有益なものを吸収している。しかし四合院の院落はしょせん民居であり、皇帝の宮殿と一律に論じることはできない。民

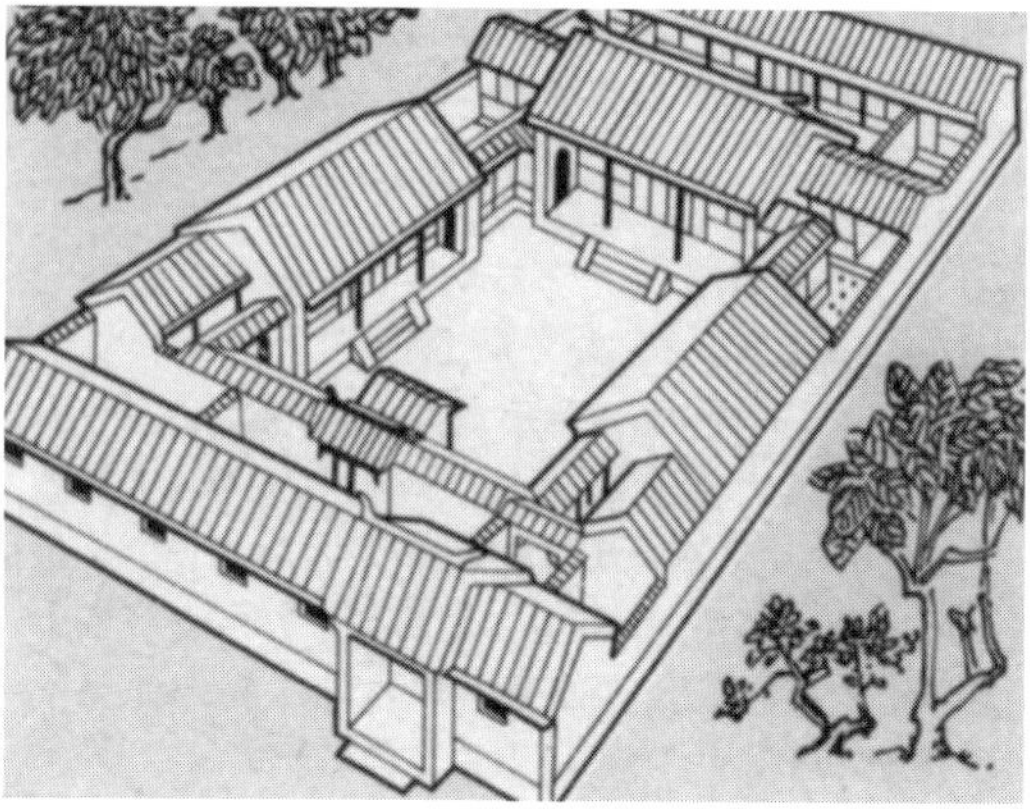

北京の四合院

間の四合院には、東西南北すべてに部屋があり、大門（正面玄関）の多くは脇にあって、影壁《インビー》という衝立で隠されている。

紫禁城の院落は多くが三合院で、すなわち北東西の三方向に建物が置かれ、南には大門が設けられている。大門は真ん中に置かれ、左右にさらに脇門があるものもあり、それぞれには殿堂門、影壁門、垂花門、あるいは壁に作り付けた瑠璃門といった違いはあるにせよ、大門を軸に左右対称関係にあることは同じで、それはずっと変わらなかった。

このほか、宮廷の中庭には大きな広場があり、民間の四合院のような狭く圧迫感のあるものではなく、また四方が囲われてはいても閉鎖的ではなかった。閉じられた院落は、機能の違いや大小、組み合わせ方に多少の違いがあった。

外朝は皇帝が政治を行うところで、その院落は内廷の生活区域内の院落よりも圧倒的に大きく、内廷は生活の場ゆえに院落は比較的小さく、かつそれぞれが独立していた。

第二章

古代建築の精華

一　浴徳堂

浴徳堂は紫禁城武英殿の北西隅にあり、前部には殿堂が、後部には浴室がある。浴徳とは、たらいのお湯で体を洗うことだが、洗う行為自体よりも沐浴思想が重要であるという考えで、洗うことで邪念を取り除き、自らの修養と徳を高めるというものだ。

浴徳堂の建築は独特で、浴室の前にはアーチ型の通路と前殿がつながっていて、通路には衝立があり、浴室の入り口を遮っている。浴室の壁の厚みは一メートル以上あり、室内の温度が外気の影響を受けないようになっている。そして内壁には、白いタイルが貼られている。天井はドーム形で、中央に採光のための天窓があり、天窓の上に円形の小屋が設けられている。浴室外の北西部には井戸、その上にはあずまや、竈《かまど》小屋があり、竈小屋から壁の穴を通じて浴室にお湯が送られる。浴室内には排水口があり、汚水をそこから排出する。

これらの独特な建物は謎に満ちており、その用途については諸説がある。これは元朝の宮廷が残した浴室だと主張する人がいれば、別の人は乾隆帝《けんりゅうてい》が愛する香妃のために建てたイスラム風の浴室だと論ずる人もいる。

伝説では、香妃は新疆《しんきょう》に生まれ、容貌が美しかったばかりか、生まれつき芳香がしていた。乾隆帝は新疆の反乱を平定した後、彼女を宮中に入れ、彼女の望郷の念を慰めるために清真寺（モスク）や宝月楼、浴徳堂を造らせたという。

別に、これは書籍の修理のための建物だとの説を唱える人もいる。その理由として、康熙十九年（一六八〇年）から武英殿は皇室の書籍修理・印刷の場所であったことを挙げている。書籍印刷にはお湯で紙を煮たり、異なる色に染めたりする工程があり、浴徳堂は紙を煮たり染めたりするために建てられたとの見解だ。それぞれの説にはそれなりの理屈があるものの、まだ検討の余地もある。

二　暢音閣

清朝が長城を越えて北京に入った後、順治《じゅんち》・康熙《こうき》・雍正の三代の皇帝は精励して国を治め、政局は安定し、経済は豊かになり、統治者もしだいに武力統治を緩め、ついには享楽にふけ

暢音閣

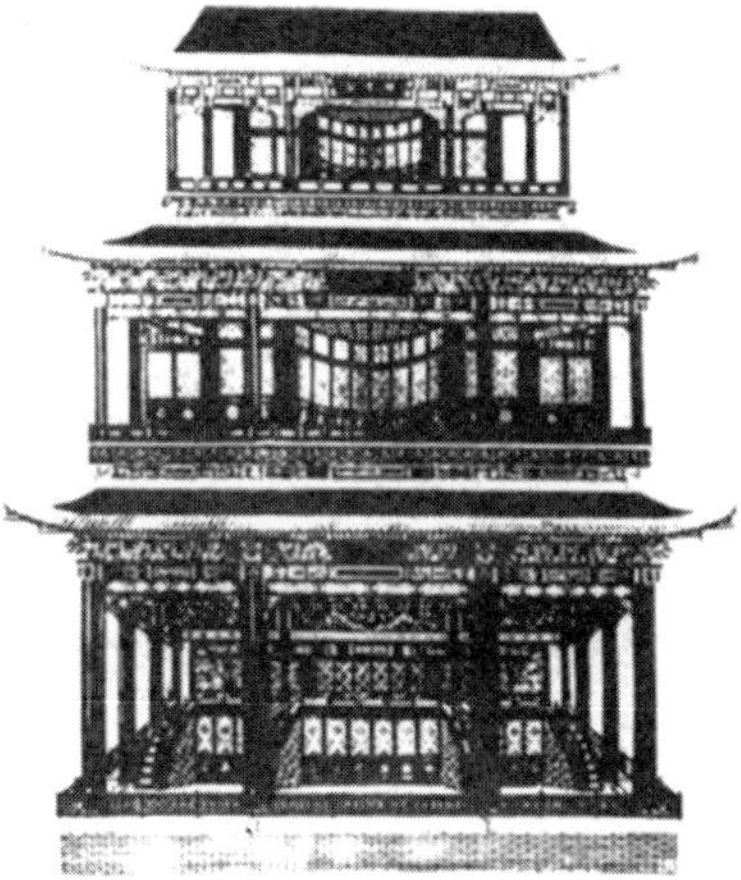

暢音閣の立面図

るようになった。

乾隆帝は音楽に精通し、戯曲を好み、宮中で自ら作曲したり演奏に没頭したりしたので、この時から戯曲が清の内廷に入り込んでいった。このためにある人は、

大雪は茫茫として柳絮飄《りゅうじょひょう》ぶ《と》、
芒鞋氈帽《ぼうあいせんぼう》にてよく摹描《もびょう》す。
古希の天子、幾暇《きか》に逢えば、
自ら新声を譜し、玉簫《ぎょくしょう》に和す。

（大雪が降り注いで柳絮が舞う、草履にフェルト帽で摸写を善くす。古稀の天子は暇があれば自ら楽曲をつくり、玉の簫に合わせる。）

という詩を詠んだ。

古稀天子とは乾隆帝のことで、彼は七十歳の時に唐の詩人杜甫《とほ》の「人生七十古来稀なり」の句から取って、自らを古稀天子と称した。「幾暇に逢えば（逢几暇）」とは、彼は宮中で毎日多くの軍務を処理せねばならず、自分の時間がほとんどなかったため、ちょっとの時間があけば自らの楽しみに使ったことをいっている。これを「万機余暇」ともいう。

乾隆帝はこの「万機余暇」という印章を刻ませ、自分が政治に勤め、民を愛する名君であることを示したのである。現存する往時の絵画作品の中にも、この印章をよく見かける。ただ彼のこの言葉はあまり信用できず、実際には彼が詩を詠み、絵を鑑賞し、山や水辺で遊ん

だ時間は決して少なくなかった。

彼の芝居好きだけみても、自分の趣味を満足させるために、紫禁城の中に多くの劇舞台を造らせており、今でも暢音閣《ちょうおんかく》、倦勤斎《けんきんさい》、漱芳斎《そうほうさい》、風雅存《ふうがそん》、長春宮という五つの劇舞台が残されている。

中でも暢音閣が一番大きく壮観である。これは乾隆三十七年（一七七二年）に建設され、福台、禄台、寿台という三階建てで、各階は真ん中にある穴を通して繋がっていて、神仙が出てくるような芝居の上演に最適だった。というのも、役者はこの穴を通ることにより、空から舞い降りてくるといった場面を表現できるからだ。暢音閣の舞台には、中央と四隅にそれぞれ大きな甕が埋め込まれ、それにより良い音響効果が得られた。

暢音閣の向かいにあるのが閲是楼《えつぜろう》で、皇帝、皇后はここに座って役者の演技をじっくりと鑑賞した。乾隆帝が観劇を好んでからというもの、のちの多くの皇帝、皇后が大いに影響を受け、宮中に昇平署を設立し、内廷の演劇について専門に管理させ、時に外部から名優を宮中に呼び寄せて演じさせた。皇帝や皇后の誕生日、あるいは祝日などには、大掛かりな芝居がたびたび上演され、それは一日に限らなかった。

当時の北京の名だたる役者がみな宮中で劇を披露したが、故宮には今も当時の演目表が残されている。中でも特筆すべきは慈禧《じき》太后（西太后）で、観劇を好んだだけでなく、プロ並みの鑑賞眼をもち、誰かがうっかりささいなミスを犯せば、彼女は必ずそれに気づいた。彼女の機嫌が良ければついていたといえ、指摘されても罰は受けず、機嫌が悪かった場合でも、……自業自得というしかないのだろう。

言い伝えによると、ある時、名女形《めいおんながた》の孫怡雲が「玉堂春」を演じ、「羊、虎口に入り、死して還《かえ》らず」という歌のところで、歌い終わらぬうちに追い出されたそうだ。彼は慈禧太后の干支が羊であることを忘れていたからだ。これは意図してタブーを犯したわけではないので、誰も首までは落とされず、幸いだったと語り継がれている。後に人々がこの歌詞を「魚、網に落ち、死して還らず」と改めたのは、この観劇好きの太后と関係があるのだろう。慈禧太后の観劇好きは、客観的には京劇を発展させ、京劇が中国文化の精華となったわけだから、彼女の功績だともいえる。

一九二二年、溥儀《ふぎ》と婉容《えんよう》の結婚式が行われ、漱芳斎で三日間にわたって劇の上演が行われ、銀三万両が費やされた。皇帝や后たちは京劇好きで、見飽きることがなかったが、大臣たちは辛くても文句が言えなかった。共に観劇の恩恵にあずかったとはいえ、大臣たちは両側の廊下からしか見ることできず、座席もないので床に直接胡坐《あぐら》をかくしかなかった。清末の大臣である張之洞は、慈禧太后の観劇にお供したが、あまりに時間が長いため、劇が終わる頃には両足がしびれて立ち上がれなくなってしまったという話も伝わる。

三　褉賞亭

永和九年、歳は癸丑《きちゅう》に在り。暮春の初め、会稽山陰の蘭亭に会い、禊事《けいじ》を脩むるなり。群賢畢《ことごと》く至り、少長咸《みな》集まる。此の地、崇山峻領、茂林脩竹有り。又、清流激湍《げきたん》有って、左右に暎帯《えいたい》す。引きて以て流觴《りゅうしょう》の曲水と為し、列して其の次に坐す。糸竹管弦の盛無

し と雖《いえど》も、一觴一詠、亦以て幽情を暢叙《ちょうじょ》するに足る。是の日や、天朗らかにして気清く、恵風和暢せり。仰いでは宇宙の大を観、俯しては品類の盛んなるを察す。遊目を以て懐《おも》いを騁《ちょう》する所、以て視聴の娯しみを極むるに足れり。信に楽しむべし。夫れ人の相与は一世に俯仰《ふぎょう》す。或いは諸《これ》を懐抱に取りて一室の内に悟言し、或いは託する所に因寄して、形骸の外に放浪す。趣舎万殊にして、静躁同じからずと雖も、当《まさ》に其の遇う所を欣ぶべし。暫く己に得て快然として自足し、老の将に至らんとするを知らず。其の之《ゆ》く所に及びては既に倦み、情は事に随って遷り、感慨之に係れり。向《さき》の欣ぶ所は、俛仰《ふぎょう》の間《かん》に、已に陳迹《ちんせき》と為り、猶お之を以て懐いを興さざる能はざるがごとし。況んや脩短は化に随い、終に尽に期するにおいてをや。古人云う「死生は、亦大なり」と。豈に痛ましからずや。昔人の感を興すの由を攬《み》る毎に、一契を合せたるが若く、未だ嘗て文に臨んで嗟悼《さとう》せずんばあらず。之を懐に喩ること能わず。固より死生を一にするは虚誕にして、彭殤《ほうしょう》を斉しくするの妄作たるを知る。後の今を視るは、亦由《な》お今の昔を視るがごとし。悲しいかな。故に時人を列叙し、其の述ぶる所を録す。世殊《こと》なり事異なると雖も、懐いを興す所以は、其れ一に致る。後の攬《み》る者も、亦た将に斯の文に感ずること有らんとす。

これは東晋の書聖と称される大書家で文学者の王羲之《おうぎし》が書いた名文「蘭亭序」である。中国の古典文学に少し興味がある人ならお馴染みのものだろう。

東晋永和九年（三五三年）、王羲之は友人と共に蘭亭にて水辺での厄払いを行い、吉日の美しい風景を目にし、また、賢人たちが勢揃いしたことに感慨を覚え、筆を揮《ふる》って、後に人口に膾炙《かいしゃ》する「蘭亭序」を残した。

会稽山陰とはすなわち今日の浙江省紹興のことである。「禊事を脩む」とは、毎年旧暦三月三日に家を出て水辺で水を浴びる昔の風俗のことで、これにより厄を払い、一年を健康に過ごすことができると考えられていた。文人・雅人たちの中には、いつもこの日に集うことを約し、詩文を作り、美酒を飲んで、良い景色を味わう者がいた。酒を楽しむために、彼らは盃を水辺に用意し、酒盃が水に乗って流れ、誰かの前で止まると、その人は詩を一首作り、さもなくば盃を干すとされていた。この習慣は民間に始まり、後に宮廷にも入った。

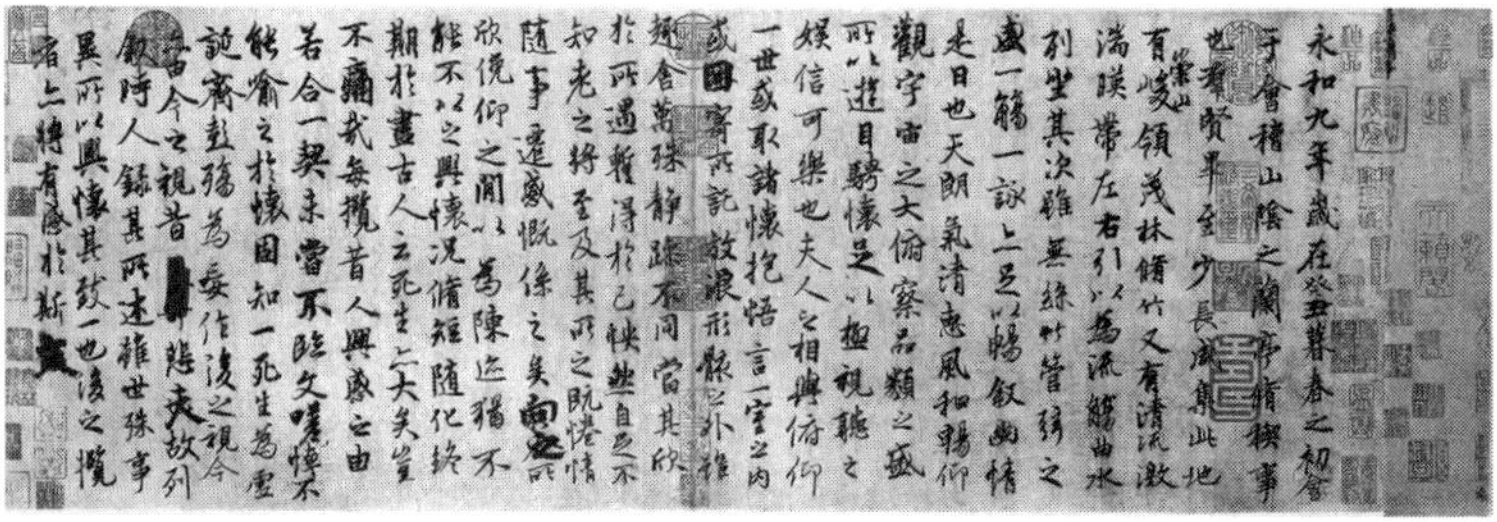

王羲之と「蘭亭序」

紫禁城乾隆花園の中には禊賞亭があって、脇にある井戸から水を引き、亭の下に水をくねくねと流して、君臣たちは前賢にならってここで「曲水の宴」を催して、日がな一日、興じた。禊賞亭は乾隆帝の時に建てられたもので、この建物は風流天子が当時、遊興や享楽にふけった歴史を証拠づけるものだ。ただ、石を使って造られた水路はあまりに人工的で自然さがなく、また周囲に古木やあずまや、築山などはあっても、狭くて低い場所なので、高所からの遠望によって目を楽しませるとはいかなかった。

四　文淵閣

文淵閣

清朝の統治者は、武力により天下を取った後は、しだいに文治による封建秩序の維持に力を注ぐようになった。特に清初の康熙・雍正・乾隆の三皇帝がそうであった。

康熙帝の時代には『全唐詩』『古今図書集成』などの書籍が編纂された。『古今図書集成』は明朝の『永楽大典』に次ぐ大型類書であり、全字数は一億六千万字に達し、当時、世界で最も整った百科事典であったといえる。

雍正帝時代には『子史精華』、漢文『大蔵経』などの書籍が編纂されている。

乾隆帝時代には『四庫全書』が編纂された。『四庫全書』は中国史上最大の文学・歴史類の叢書で、計三万六千三百四冊（中国国家図書館所蔵の文津閣蔵書）あり、すべて当時の一流学者が編纂したもので、劉統勲・余敏中などの十六人が総裁官、紀暁嵐らが総纂官となり、戴震・王念孫・翁方鋼ら四千人余りがそれに関わった。全書は七部のコピーがつくられ、北京・紫禁城の文淵閣、円明園の文源閣、承徳避暑山荘の文津閣、瀋陽故宮の文遡閣などの各所に保管された。

文淵閣は『四庫全書』を保存するために、乾隆三十九年（一七七四年）、浙江の天一閣蔵書楼を真似て建造されたものである。外観は二階建てに映るが、内部には隠された階があるため、実際には三階建てである。内部の一階には玉座があり、もっぱら乾隆帝が書を見るために準備された。

建物の両側の山形の壁は精巧なレンガで隙間なく積み上げられており、屋根は緑で縁取られた黒い瑠璃瓦だ。皇宮では一般的に黄色い瑠璃瓦が使われているが、明るい黄色は天子の色とされ、「黄色い袍《わたいれ》で身を包む（＝政権を取る）」と世間で言われるのと意味は同じだ。黒

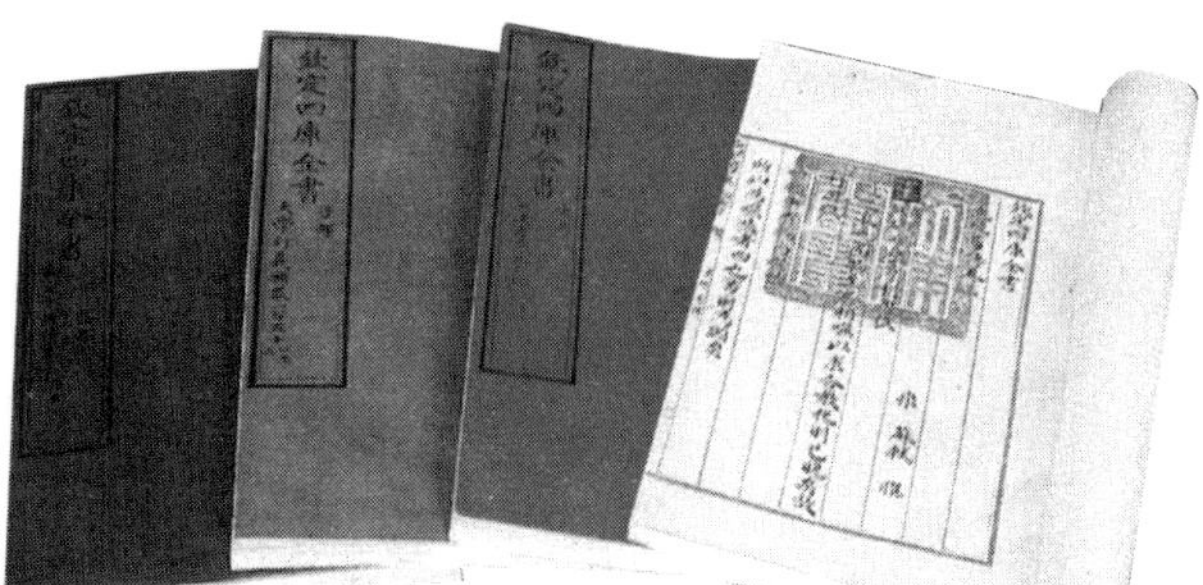
文淵閣蔵の『四庫全書』

九龍壁

は中国の五行説では北に属し、水を司っている。書籍は火を最も恐れるので、水により火を制することで、多大な労力を費やして編纂したこれらの膨大な図書が灰燼《かいじん》に帰すことのないようにしたのだ。実は上述した図書館の名前はすべて水と関係した字を使っており、同じような意味をもっている。

紫禁城の中には書籍・文献・公文書を保存する場所はほかにもたくさんあるが、これらは明・清史を研究する上で欠かすことのできない文献資料となっている。一九四九年以後、政府はこうした書籍・文献・公文書の一元管理を行い、中国一の歴史文書館を設立して、明清両代の皇帝の日常生活の記録や詔書、上奏文の管理・研究を行っているが、その他の貴重な皇室蔵書については国家図書館に納入した。当然、故宮博物院にも図書館が建てられ、関連文物、明清史、地方誌などの書籍が収蔵され、遍《あまね》く愛好者や研究者に利用されている。

皇極殿は清代に太和殿と改称された

五　九龍壁

紫禁城を参観すると、最も多く見られるのが龍であろう。龍は自然界に実際に存在せず、人が想像で創り出した神聖な動物である。龍は帝王のシンボルであるため、あらゆる皇宮の建築・器物・服飾の上に龍の姿を見ることができる。

中国の古代建築の形式の一つに影壁《インビー》がある。これは、表門の内部あるいは外部正面に置かれた遮断の役割をもつ壁のことである。九龍壁（九頭の龍が描かれた影壁）は、紫禁城だけでなく、山西省の大同や北京の北海公園にも見ることができる。九を選んだのにも理由がある。九は数字の中で最大のもので、皇宮の大門の門釘（門扉の化粧釘）はどの列も九個であり、帝王は「九五の尊（易で九五とは天位を象徴するものであることから）」と敬って呼ばれ、これらはすべて皇帝の至上の地位を明確にするためのものだからだ。

紫禁城の九龍壁は皇極殿の向かいにあり、壁面全体の広さが七十一・六平方メートル、高さ約三・五メートル、長さが二十九・四メートルで、石の土台をもち、中央には二百七十個余りの各色の瑠璃瓦で造られた九匹の巨龍がいる。九匹の巨龍は、青い波の中をそれぞれが異なった動きで飛び跳ねており、生き生きとして迫力がある。

六　建物にかかる対聯

対聯《ついれん》（楹聯《えいれん》・楹帖《えいちょう》）とは、壁または二本の柱に掲げられた対句のことである。これは正月に門の両側に掲げる魔除けの二枚の桃の木板に由来するものだ。最も古いものに、五代の後蜀の王・孟昶《もうちょう》が書いた「新年は余慶を納《い》れ、嘉節は長春と号す」という対句がある。

対聯は短いもので、四言、五言、六言、七言、長いものになると数十、極端なものだと百余言もあり、自由に組み合わせることができる。ただし平仄を合わせ、対偶《たいぐう》を整える必要がある。対聯は事の理屈を述べることもできるし、物の感情を述べることもできる。これは、対句芸術と書芸術の完璧な結合であり、両者の美を兼ね備え、互いに引き立てあって、深く悠久な文化的内容をもつゆえ、長らく人々に愛されてきた。

対聯は縦長で、左右に一つずつ殿堂の正面の柱の両側に掲げ、美化と装飾という実用的な役割があって、形式上、建物の欠くことのできない一部となっている。

紫禁城宮殿内には至るところに対聯があるが、内容から大きく二種類に分けることができる。

一つは、重要な建物に書かれている三綱五常といった儒教理論で、君主としての道、国を治める方略、修身・修養などの内容のもの。例えば――

太和殿の「帝命は九囲に式《のっと》る、茲れ惟《た》だ艱なる哉、奈何《いかん》ぞ敬せざる。天心は夫の一徳を佑く、永らく言いて之を保ち、遹《ここ》に厥《けつ》と寧を求む」

乾清宮の「万邦に表正たりて、慎んで身修と思永を厥《つく》し五典を弘敷して、民事の惟だ難きを軽んずること無れ」

「儀法を立て天下を正し、慎みて其身を修む要《べ》し、長久之道を思いて五常之道を弘布し、民役を軽視すること勿く、民之艱難を知れ」

といったものである。

もう一つは、休息や娯楽の場で書かれた、有閑の情や優雅な味わい、あるいは物や状況を詠んだ詩である。

例えば、文淵閣の「插架牙籤（書架や読書）は今古を照らし、編（書籍）を開けば雲気は芳芬《ほうふん》を吐く」、三希堂の「懐抱して古今を観、身心は豪素に托す」、風雅存劇台の「軒窗に俗韵の無きを自ら喜び、聊《いささ》か山水を将《もっ》て清音に寄す」などである。

後者は前者よりも気軽で洒脱、「俗韻（俗な臭い）の無きを」語ることは無理としても、儒家経典の中から探し出してきた説教臭くて意味不明な句よりも、はるかにましである。

第二章

紫禁城で起きた事件

一　「梃撃」「紅丸」「移宮」の三事件

明の万暦帝の時、鄭貴妃は帝の寵愛を受け、自分が生んだ福王・朱常洵《じょうじゅん》を太子にしたいと思ったが、太子の朱常洛を支持する大臣たちの猛反対により、思うようにはならなかった。

万暦四十三年（一六一五年）五月、突然一人の男が手に棍棒を持ち、太子の住む慈慶宮に侵入し、門兵を殴打して前殿まで突入したところで太監（宦官《かんがん》）に捕らえられた。巡城御史の尋問により、彼は薊《けい》州村民の張差であることが解ったが、気が触れているようなので、刑部《けいぶ》（法務省にあたる）に引き渡して取り調べを行った。郎中の胡士相は、張差は正気ではないと断定したが、主事の王之寀《さい》はこれには裏がある、と信じなかった。

再度の取り調べの中で、張差は鄭貴妃の太監である龐保《ほうほ》と劉成が黒幕だと認めたため、関係者はみな、鄭貴妃が太子を暗殺して、福王を擁立しようとしたと疑った。

万暦帝と太子は、事を荒立てたくなかったため、気が触れているとして張差だけを極刑に処すに留めた。ほどなく太子を支持する刑部、都察院（検察庁にあたる）、大理寺（最高裁判所にあたる）は、ともに何度も龐保と劉成を詮議したが、二人はあくまで事件に関わったことを認めなかった。万暦帝はひそかに龐保と劉成を処刑するよう太監に命じ、この事件はそれ以上調べられることはなかった。これが「梃撃事件」である。

万暦帝の死後、太子である朱常洛が即位するも、間もなく重病にかかり、御薬房を司る太監・崔文昇の調合した下剤を飲んでいたが、病状はさらに悪化した。すると鴻臚寺の丞《すけ》・李可灼が、仙人が調合したと称する紅丸を献じ、朱常洛はこの丸薬を二つ飲んだところ、すぐに亡くなった。

朝臣たちはこぞって崔と李の二人を弾劾し、鄭貴妃が毒を飲ますよう命じたのではと疑う者、あるいは、皇帝自身が薬を服用したので崔と李は無関係だと言う者もいた。これにより朝廷内は大騒ぎとなり、しばらく収まることがなかった。天啓二年（一六二二年）、事態を収拾するため、崔文昇は南京に左遷され、李可灼は辺境の地の軍役に就かされた。

魏忠賢が権力を握るようになると、この事件は再び覆され、崔文昇は食糧輸送の総督に昇格し、李可灼もまた辺境の苦役を免除された。魏忠賢が権力を失うと、崔文昇は再度、南京に送られた。これが「紅丸事件」である。

朱常洛の死後、十六歳の太子・朱由校《ゆうこう》が即位するにあたり、彼を育てた李選侍（選侍は、正式な嬪妃《ひんき》の名称を得ていない侍女で、宮女よりも地位が高い）とその腹心の太監・魏忠賢が、長期間太子を乾清宮に監禁して政権を握ろうとした。

給事中の楊漣と御史の左光斗らは、李選侍らが朝政に介入するのを防ごうとし、宮中に入って太子を輿に載せ、慈慶宮に移した。二日後、李選侍を乾清宮から追い出し、朱由校を戴いて即位させた。これが「移宮《いきゅう》事件」である。

「梃撃」「紅丸」「移宮」という三つの事件は、すべて明末の宮廷内で起き、世の中を騒がせた。

一方は王之宋・楊漣・左光斗らを代表とする東林党のメンバーで、一方は魏忠賢を代表とする宦官党。双方それぞれに言い分を主張して、譲ることはなかった。

魏忠賢が権力を掌握した後、以上の三つの事件は彼に東林党のメンバーを攻撃する口実を与え、明末の党争を激化させることとなったのである。

二　康熙帝、南書房でオボイを捕らえる

南書房は乾清門内の西側にあり、康熙帝は即位してからの数年間、ここでしばしば学問に励んだ。ここは康熙帝が読書をする場所でもあり、清朝政府の職能部門ではないが、清朝の重要な文臣がここに勤務していて、皇帝のお側に侍ることができるため、翰林院の翰林（皇帝の文学侍従官）たちは、南書房への出仕を栄誉とした。

翰林たちの勤務は四人が一組となり、五日で交替した。職責は、皇帝に経書や史書を講じたり、重要な書籍を編纂したり、皇帝に代わって文章や原稿の整理を行ったりすることで、時には詔書の起草にも関わったため、皇帝の顧問ともいえ、皇帝が分からない、自信がもてない事柄については、彼らに相談してから、決断を下した。

オボイ（鰲拝）は清初期の名将で、第一バトロ（満州語で武芸の第一人者の意味）に封《ほう》じられた。順治帝は死去に際し、ソニン、スクサハ、オボイ、エビルンの四人を大臣に任じ、八歳の康熙帝の補佐を命じた。

順治帝没後間もなく、四人の補佐体制からオボイ一人の専制へと変わった。彼は権力を振

康熙帝

るい、勢力基盤を強固にしながら私利を貪り、従う者を取り立て、逆らう者を滅ぼした。彼から見れば、康熙帝は物事を知らぬ子ども、飾り物にすぎなかったので、康熙帝としては、オボイを倒さねば、真の親政を行い自分の思い通りに国家の大事を処理することができない。そこでオボイ打倒のために、康熙帝は十数人の自分と同じ年代である宮中の太監と八旗の少年を選び、南書房でブフ（満州語で相撲の意味）の練習を始めた。これら宮中の太監と八旗の少年たちは、歳は若くとも、訓練を重ね、相当に武術を身につけた。

康熙七年（一六六八年）のある日、十五歳の康熙帝は用事にかこつけてオボイを宮中に呼んだ。彼らは事前に緻密な計画を立てていた。

一人の太監が後ろ足一本を折った椅子を支えてオボイを座らせた。オボイはその謀略にも最期の時が近いのにも気づかず、いつもと同じように偉そうに座った。一人の太監が熱い茶を運んで来て、オボイがそれを飲もうとした瞬間、康熙帝はそれをチャンスと手に持った茶碗を地面に投げつけ、椅子を支えていた太監は勢いよく椅子を後ろに引き倒した。オボイは踏ん張る暇もなく地面に転び、起き上がる前に、待ち構えていたブフの手練《てだ》れの少年たちが飛び掛かってオボイを捕らえた。

康熙帝の60歳長寿祝賀会の図

康熙帝はすぐさま詔《みことのり》を下し、オボイの臣下としてあるまじき数々の行為も列挙、その逮捕が合法的なものであることを宣言した。彼はその機智と勇敢さでオボイを制圧し、臣民たちの推戴を獲得した。康熙帝は六十一年の在位中に、三藩の乱を平定し、台湾を取り戻し、清朝の最盛期をつくり上げたのである。

三　扁額「正大光明」の背後

中国の皇位継承は基本、長男である太子が皇帝崩御の後、即位して新皇帝となる。

しかし、満州族は遊牧・狩猟民族であり、北京進出以前には独自の軍事組織である八旗制度をとっていた。満州族八旗の最高権力者の正常な継承方法は、「賢者を選んで立てる」というもので、各旗の旗主はこの原則にのっとって共同で新たな君主を推挙していた。清の第二代皇帝ホンタイジは長男ではなく、並外れた才能によって大ハンに選ばれている。北京に入った後の初めての皇帝である順治帝も長男ではない。漢族の政権継承制度にのっとっていたならば、彼らは誰も皇帝にはなれなかっただろう。

八歳の玄燁（後の康熙帝）も長男ではなく、また、彼が皇帝になれたのは天然痘を発症したのに死ななかったがゆえである。父・順治帝が死の間際に大臣たちの提言を入れ、皇位継承者は玄燁であると宣言した。玄燁は即位後、年号を康熙と改めたため、われわれは彼を康熙帝と呼んでいる。

六十一年間治世した康熙帝は、子どもも多く、子らの多くは皇帝の玉座を狙っていたが、「天に二人の神はなく、国に二人の君主はない」の言葉どおり、皇帝には一人しかなれないので、彼らは暗に明に闘争を繰り返した。康熙帝も皇太子を立てては廃し、廃してはまた立ててと常に定まらず、死の直前になってようやく第四子の胤禛《いんしん》を継承者とした。胤禛とはのちの雍正帝のことであるが、この後継者指名は多くの疑惑を呼んだ。中には、「皇帝位を第四子に継がせる」という詔書は改ざんされたもので、実際には軍権を握り、西北で戦っていた大将軍の十四子・胤禵《いんだい》に皇位を譲るはずであったが、胤禛が「十四」の「十」の字を「于」に（于は「〇〇に」という意味で、つまり「第四子に」の意味に）書き換えたのだと言う者もいた。

雍正帝の皇位継承の正当性は大いに疑問視され、兄弟間で激しい争いが起き、雍正帝の数人の弟たちも、左遷されるか、殺されるかしている。これは清朝の皇位継承制度が整備されていなかったことを示している。

この問題を解決し、皇室の内部闘争を減らすために、雍正帝は「太子密建の制度」を考え出した。太子密建とは、皇帝が生前にひそかに継承者を選び、その名前を書いた詔書を特製の箱に入れて密封し、それを乾清宮内の「正大光明」の扁額の後ろに置いておくというものだ。

彼の死後、皇子たちや大臣たちが一堂に会しているところで封を解いて箱を開け、新たに君主に指名された人物を発表すれば、「賢者を選んで皇帝に立てる（＝満州八旗の制度）」ことができるし、さらに兄弟間のねたみや殺し合いを引き起こさないで済む。

なぜ、「正大光明」の扁額の後ろに置いたのか。一つには、乾清宮は雍正帝の寝所であり、そこに置いておくのが一番安全だからだ。もう一つは、「正大光明」という四文字は順治帝が書いたもので、字が優れているだけでなく、その意味も極めて深いものがあるからだ。康熙帝の言葉を借りれば、「結構は蒼秀にして古今を超越す。聖神なる文武を仰見すれば、精一にして中を執る。揮毫之間に発するは光昭たる日月、誠に美を媲《きそ》い心に傳うるに足る」ものとなる。したがって、後継者を定めた詔書をここに置くことで、より神聖さと厳粛さの度合い

雍正帝

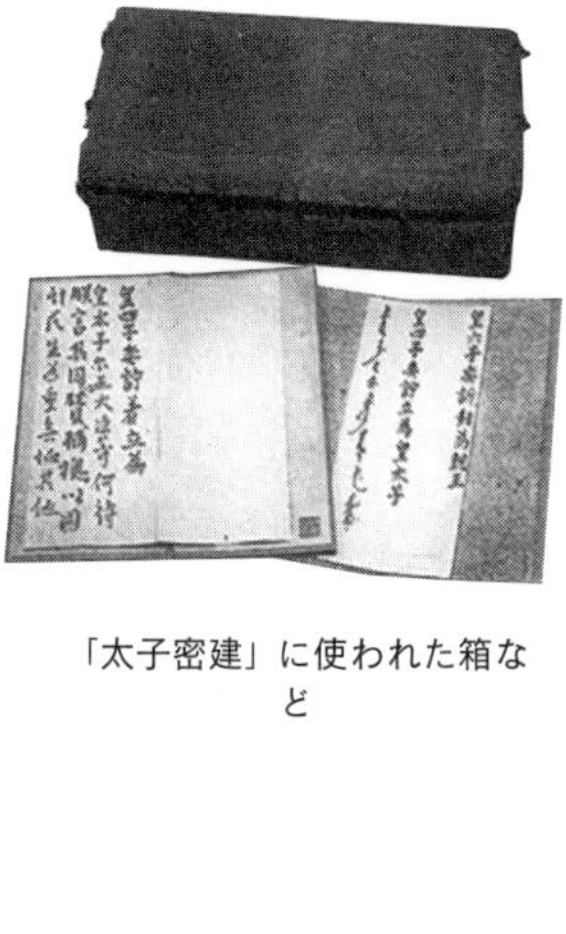

「太子密建」に使われた箱など

を増すようにしたのだ。しかし、これには諷刺的な意味合いもあって、明らかに裏で秘密裡に行われ人々に公開されないものだから、かえって「正大光明」と関連づけられなければならなかったのだろう。

雍正帝の息子の乾隆帝は、この太子密建の制度に安心することができず、皇帝道楽を六十年やった後、直接嘉慶帝を表舞台に立て、自分はあっさりと気楽な太上皇《だいじょうこう》となった。「正大光明」の扁額の背後には、陰鬱で恐怖に満ちた殺気が隠されており、皇帝が世継ぎを立てる際の難しさが垣間見える。

乾清宮内に掲げられている
「正大光明」扁額

四　重華宮における清茶会と群臣

乾隆帝は風雅ぶるのを好んだ。文人の集いでは、茶の賞味と題詩（詩を器物や絵に書き入れること）、野山の散策、詩の応酬が不可欠で、もちろん、その場では皇帝の御機嫌取りも欠かせなかった。

重華宮は雍正帝が乾隆帝に与えた潜邸で、最初は楽《らく》善堂と呼ばれていた。潜邸とは、皇帝が即位前に住んだ場所のことである。北京にある雍和宮は雍正帝の潜邸で、当時は雍王府と呼ばれていた。雍正帝は即位後紫禁城で生活したので、そこには誰も住む者がいなかった。それでとうとう寺に寄贈され、雍和宮と称して帝のためにお経をあげる寺となった。

乾隆帝

雍和宮は紫禁城から遠いところにあるのに対して、重華宮は内裏の中にある。このことからも雍正帝がこの息子（乾隆帝）を寵愛していたことが見て取れる。どのみち内裏に入るのだからそんな遠くにいては不便なので、いっそのこと宮中に住まわせればいいと考えたのだろう。歴史家の研究によると、雍正帝が帝位につくにあたっては、乾隆帝にも功績があったようだ。

康熙帝は晩年、息子たちが争い続けていることに嫌気がさし、しばしば孫たちを側に置いたが、その中でも弘歴（後の乾隆帝）を寵愛していた。ある時、祖父と孫が山中で狩猟していると、弘歴は猛々しい虎に遭遇した。彼は恐れの色も浮かべず、虎のほうが恐れて地面に臥し身動きできないままに射止められた。康熙帝は、弘歴は将来必ず富貴になると考えたが、弘歴を富貴にするためには、まず雍正帝に皇位を与えなければならず、父（雍正）の死後に初めて子の弘歴が引き継ぐことができる。雍正帝は康熙帝の心づもりを知っていたようで、死後、帝位を乾隆帝に渡したのである。弘歴を楽善堂に住まわせたのも、明らかに一種の暗示であっただろう。

重華宮の名は、乾隆帝が皇帝に即位した後に改められたものだ。

風雅ぶるため、乾隆元年（一七三六年）から、毎年一月になる前の十日のうち一日を選んで、重華宮で茶会を開いた。茶会に参加したのは大清朝の博学の士で、時には東海の神山である瀛《えい》洲に一八学士が登ったとされる故事にちなんで十八人を、時には天宮二十八星宿にちなんで二十八人を参加させた。人数が多くないので、選りすぐりの学者ばかりとなり、文才がなくお茶を飲むだけで作詩ができない者は、呼ばれる資格がなかった。

重華宮の茶会で出される茶は三清茶《さんせいちゃ》と呼ばれたが、三清とは、マツの実、梅の花、仏手柑のことで、これらを雪融け水で煮出し、さわやかな香りにしたものだ。大臣たちの題詩・連句の一部は、重華宮の中にまだ残されているとのことである。しかしこうした社交的な作品に佳作があるわけでもなく、ましてや虎に付き従うように君主に付き従い、乾隆帝の傍らでは大臣たちはみなおっかなびっくりで、のんびりと詩を詠んでいる余裕などありはしない。

故宮所蔵の紫沙壺（茶を淹れるための最高級の急須）に書かれた乾隆帝が作った詩二首を見てみよう。

溪《たに》は煙り山は雨にして相い空濛たり、生衣《せいい》して独り楊柳《ようりゅう》の風に座す。竹茗《ちくめい》の爐椀《ろわん》は清瀬に泛《なが》し、米家（米芾《べいふつ》のこと）の書画は将に同じきもの無からん。松風の瀉《そそ》ぐ処魚眼を生ず、中冷と三峡と何ぞ辨ずるを須《もち》いん。清香《せいこう》と仙露は詩脾に沁み、座間に芳隄《ほうてい》の転ずるを覚えず。

径に玲瓏の石を穿ち、檐《ひさし》に峥嵘《そうこう》の泉を挂《か》く。小許《わずか》に亦た自ら佳として、昨に龍井の邊に來たり。

これらの詩が平凡で趣きに欠けるものだということが分かるだろう。重華宮で開かれる茶会の伝統は、後継者が親不孝との罪名を着せられるのを恐れて取り止めることもできず、その後もずっと道光年間（一八二一～一八五〇）まで続いた。皮肉にも茶会が途絶したのは、清の宮廷が内外に山積する問題に悩まされ、誰もこうした風雅に浸る余裕がなくなったためだ。

五　養心殿における慈禧の垂簾聴政

養心殿はもともと紫禁城西六宮の中にある一宮殿に過ぎなかったが、外朝内寝という建築の機能区分に基づくと、ここは皇后や貴妃たちの住む場所だったということになる。しかし雍正年間、雍正帝はここの静かな雰囲気を好み、この場所で政治を執り始めた。養心殿は外廷にある軍機処（軍事・政治における最高機関）とも近く、軍事上の重要な事項をすぐさま報告・命令ができ、事務効率が上がった。多くの場合、皇帝は養心殿の東暖閣で寝起きして、西暖閣で政治を行っていたが、後になって建物がもっていた機能が変化した。特に顕著な例としては、清末には東暖閣は、慈禧太后（西太后）が垂簾聴政するところとなったことであろう。

慈禧太后はエホナラ氏に属し、幼名は蘭児、満州の鑲藍《じょうらん》旗人である。道光十五年（一八三五年）に生まれ、咸豊二年（一八五二年）に後宮に入り、蘭貴人の名を賜った。咸豊六年に載淳（後の同治帝）を生んでいる。咸豊十一年（一八六一年）、咸豊帝が病気のため承徳避暑山荘で亡くなると、六歳の載淳が即位し、彼女は聖母皇太后として敬われ、「慈禧」と呼ばれた。咸豊帝は死の直前に、粛順などの大臣に年少の皇帝を補佐するよう命じていたが、慈禧は自分の権力を失わないために、慈安皇太后（東太后）をたきつけ、恭親王・奕訢《えきそ》と手を組んで、辛酉《しんゆう》の政変を起こした。

政変が成功した後、慈禧と慈安は垂簾《すいれん》聴政を行った。垂簾聴政《ちょうせい》とは、垂れた簾《すだれ》の後ろで政治を執り行うことを指す。養心殿の東暖閣には前後に二つの椅子があり、前のものは一人用の玉座、後ろのものは二人が座ることのできる長椅子で、その間を黄色の幕で隔てていた。つまり、幼い同治帝が前に座り、慈禧と慈安が後ろに座って、大臣たちがやって来て奏上を行う時は幕を下ろしたのである。決定を行うのは当然太后たちであり、年少の皇帝は単なる拡声器に過ぎなかった。

同治帝は皇帝位に長くとどまることなく亡くなり、慈禧はさらに四歳の載湉《てん》を皇帝に立て

慈禧太后（西太后）

養心殿西暖閣

た。これが光緒帝である。

光緒七年（一八八一年）、慈安が急病で亡くなると、慈禧は朝政を独占した。のちに光緒帝が親政を行っても、彼女は政権を手放そうとせず、「戊戌《ぼじゅつ》の変法」を血なまぐさい風雨のもとで圧殺した。

慈禧太后による統治は四十八年の長きに達した。この四十八年間で清朝は崩壊へと向かったが、慈禧は国が日増しに衰弱していく現実を顧みることなく、依然として贅沢な暮らしを続け、さらに清の海軍の武装経費までをも使って頤和園《いわえん》を建設した。彼女は毎年の誕生日に、豪勢な祝賀イベントを大々的に催させた。各地の官僚たちは誕生祝いという名のもとで搾取を行い、一般民衆は生活の手立てを失い、苦しみに喘いだ。

章太炎（章炳麟、清末の学者・革命家）は、慈禧の誕生祝いを風刺した次のような対聯をもっていたという。


今日は南苑へ、明日は北海へ、古長安へはまたいつ行くのだろうか。民衆の血と汗が枯渇することを嘆いて、一人祝歌《しゅくか》を歌うしかない。「五十にして琉球を割譲、六十にして台湾を割譲、今また東三省《とうさんしょう》を割譲し、中国の国境がますます縮小するのを痛み、誕生日のたびに国土がなくなるのを祝う」

――これが西太后の名で世界に知られた慈禧太后の権力掌握・垂簾聴政に対する民衆の評価の一つなのかもしれない。

第四章

皇居から博物院まで

一　溥儀の退位

イタリア人映画監督の作品『ラスト・エンペラー』は、中国最後の皇帝の波乱に満ちた生涯を広く人々に知らしめた。この映画の中で、三歳の溥儀《ふぎ》が龍袍《りゅうほう》（皇帝専用の服）に身を包み、太和殿の玉座に座らせられ、多くの官吏たちの朝賀を受けるシーンがある。この幼児は、こんなに壮大な場面を見たことがなく、泣き止まずにいると、傍らにいた人があわてて、「泣かないで、すぐに終わるから」と慰める。歴史上の偉大なる清朝は、本当に彼らが言ったように、彼が即位した三年後に終わりを告げた。ここで歴史をもう少し遡って詳しく眺め、清朝でどういったことが起きたかをみてみよう。

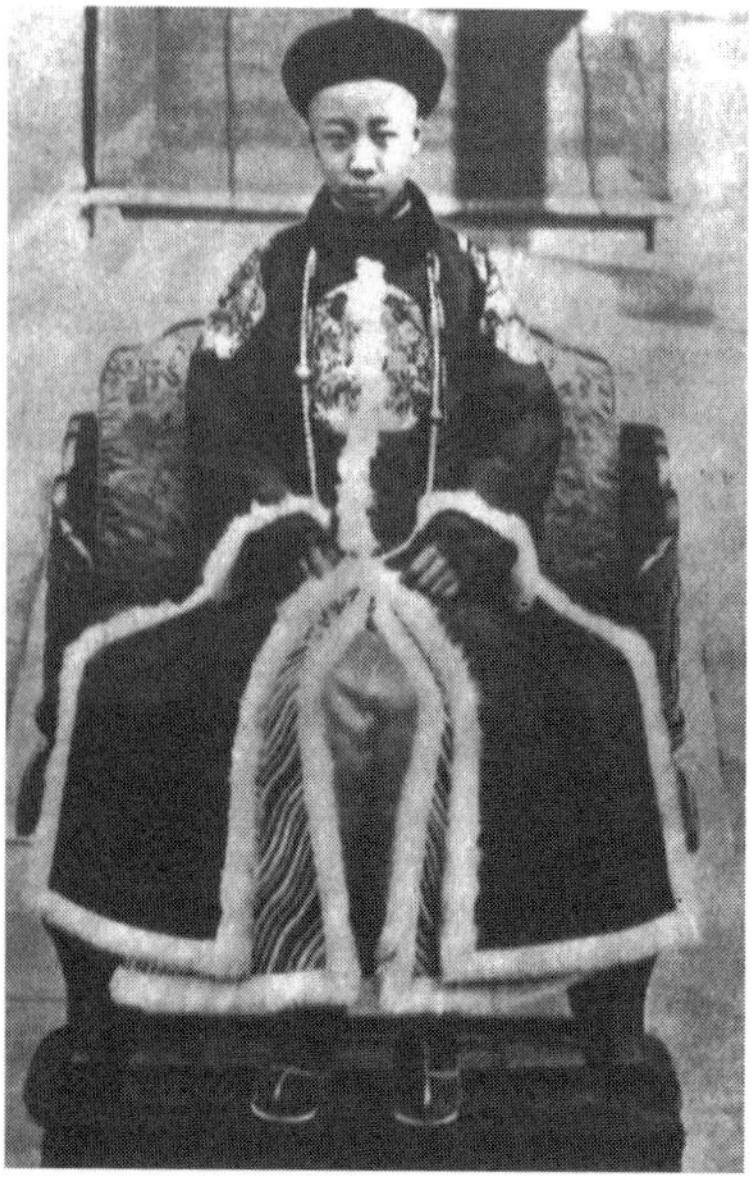

溥儀

一八四〇年に起きたアヘン戦争により、中国人は初めて西洋人に敗北を喫した。その後間もなく、広西・金田で洪秀全が率いる太平天国の農民反乱が起き、蜂起軍は一路北上してたちまち中国南部を席巻し、南京で国を建て、北京の大清朝と対等に

太和殿の玉座

振る舞った。もしも農民蜂起軍が戦略的失敗を犯さなかったら、さらには「同治中興」を推し進めた曾国藩・李鴻章・左宗棠らの三軍が命がけで戦っていたら、清の命運もここに尽きていたのかもしれない。

甲午戦争（日清戦争）が起き、巨費を投じて造られた北洋艦隊があっという間に壊滅し、清政府は精鋭の海軍を失ったばかりか、国土の割譲や賠償金を余儀なくされた。こんな大国が小国日本に破れたという事実はすぐに全国民を激怒させるのだが、この時、中国の大地には「乾燥した薪」があまねく敷き連なっていて、小さな火でもたちまち燃えあがる状況にあった。

一九一一年、辛亥革命の第一の砲声が武昌であがると、革命はたちまち全国に燃え広がって、各地が次々と呼応し、清朝からの独立を宣言した。在位わずか三年の宣統帝は退位を迫られた。

中華民国がここに誕生したのである。

二　古物陳列所

　中国の博物館の設立は、欧米の優れた文化を吸収した結果であり、中国と西洋文明の融合の産物であるともいえる。これ以前、中国にも似たような博物館としての性格をもつ皇室収蔵機関はあったが、こうした機関は皇室の少数の人のためのもので、一般大衆のために陳列・展示する機能はまったくなかった。

　清末になって、国外を視察したり、国内で事業を起こしたりした一部の人が、しだいに博物館が民衆の智慧を掘り起こし、社会の文明レベルを向上させる役割をもつことに気づいた。清末の状元（科挙の首席合格者）である張謇《ちょうけん》は、かつて張之洞に意見書を出し、「首都博物館」の建設を主張し、彼自身も故郷江蘇の南通に「南通博物苑」を創設しようとした。かつて両江総督を務めた端方もまた、自身の個人コレクションを積極的に公開して、ついには「海王村博物館」を造り上げた。康有為もまた西洋の博物館の状況を紹介することに尽力した。当時の知識人たちはみな、博物館の重要性に気づいていたのだ。

張之洞

　溥儀が退位した後も、社会の動揺は収まらず、一部の外国の不法商人が機に乗じて中国の古い文物を自由に買い漁り、これらをひそかに国外に持ち出し

袁世凱

た。国内でも一部の不法の輩が暴利を貪り、寺や廟を破壊し、古墓をあばき、さらには宮殿からも貴重な品物を盗み出した。

　当時、職についたばかりの北洋政府国務総理の熊《ゆう》希齢は、熱河《ねっか》（現在の河北省承徳市）の長官であったときに、熱河にある清の宮殿の宝物を盗んで売りさばくのに関わったという噂が流れ、世間が騒ぎ立てた。大総統の袁世凱は世論の圧力に負け、調査を命じ、同時に、こうしたことが再度発生しないよう、政府と旧・皇室メンバーで相談し、熱河と瀋陽の宮殿内にある貴重な品物を北京に運び、しっかりと保管することにした。

　溥儀が去った後の宮殿こそ、博物館を建設するのに最適であった。

　一九一四年、中華民国政府内務総長の朱啓鈐《けいきん》らの援助のもと、古物陳列所が正式に成立した。ここは民国政府内務部に直属し、初代所長には治格が就任した。古物陳列所が開所したばかりの際、まず武英殿が陳列室となり、後に文華殿も開放され、太和・中和・保和の三大殿も、時に外国の貴賓を接待するのに使われた。古物陳列所は初めての皇室宮廷博物館として、しだいに軌道に乗っていったが、「故宮博物院」の成立により古物陳列所の影響力はしだいに小さくなり、その上、北京が軍閥の勢力争いの中心地となったため、政権交替が頻繁に起こり、一九三七年の七七事変（盧溝橋事件）の後には、またしても敵の占領地域となって、古物陳列所の存続と発展が危機にさらされた。

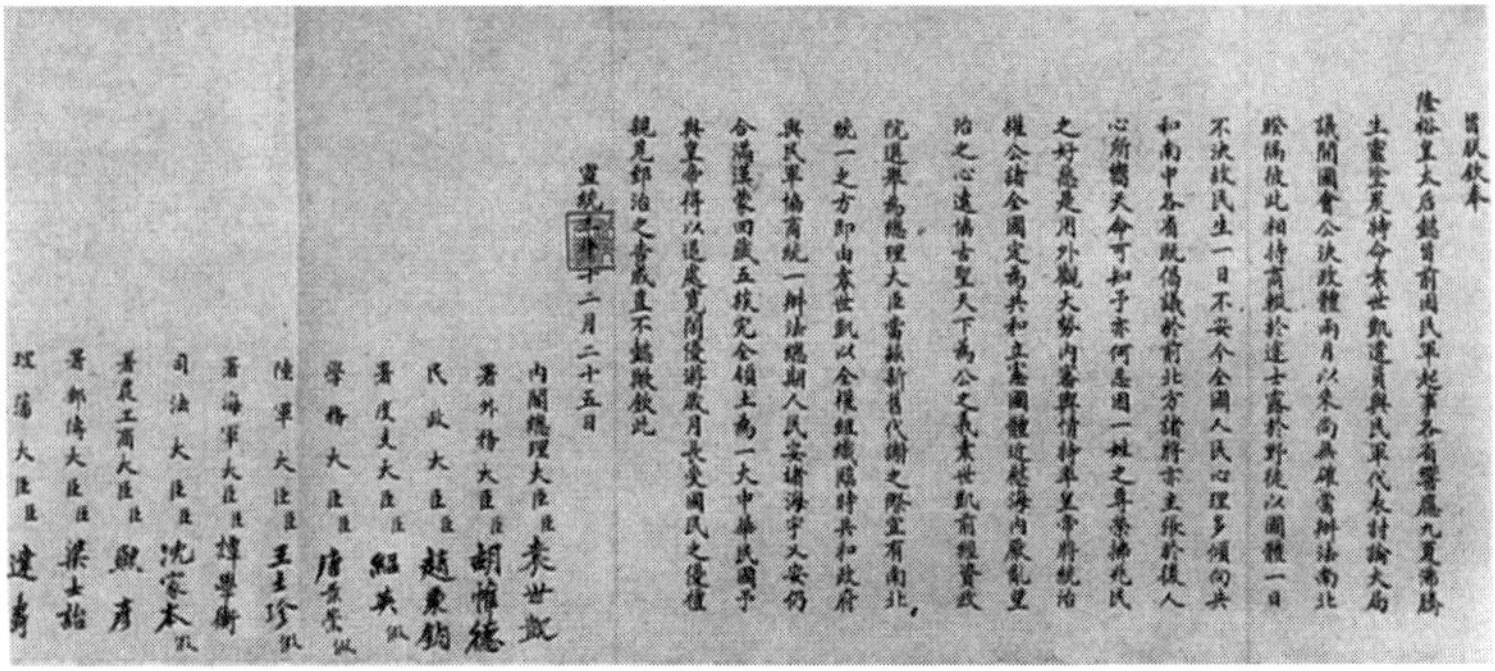
旨朕欽奉
隆裕皇太后懿旨前因民軍起事各省響應九夏沸騰
生靈塗炭特命袁世凱遣員與民軍代表討論大局
議開國會公決政體兩月以來尚無確當辦法南北
暌隔彼此相持商輟於途士露於野徒以國體一日
不決故民生一日不安今全國人民心理多傾向共
和南中各省既倡議於前北方諸將亦主張於後人
心所嚮天命可知予亦何忍因一姓之尊榮拂兆民
之好惡是用外觀大勢內審輿情特率皇帝將統治
權公諸全國定為共和立憲國體近慰海內厭亂望
治之心遠協古聖天下為公之義袁世凱前經資政
院選舉為總理大臣當茲新舊代謝之際宜有南北
統一之方即由袁世凱以全權組織臨時共和政府
與民軍協商統一辦法總期人民安堵海宇乂安仍
合滿漢蒙回藏五族完全領土為一大中華民國予
與皇帝得以退處寬閒優游歲月長受國民之優禮
親見郅治之告成豈不懿歟欽此
宣統三年十二月二十五日
內閣總理大臣 臣 袁世凱
署外務大臣 臣 胡惟德
民政大臣 臣 趙秉鈞
署度支大臣 臣 紹英 假
學務大臣 臣 唐景崇 假
陸軍大臣 臣 王士珍 假
署海軍大臣 臣 譚學衡
司法大臣 臣 沈家本 假
署農工商大臣 臣 熙彥
署郵傳大臣 臣 梁士詒
理藩大臣 臣 達壽

溥儀退位の詔

一九四六年、この中国博物館発展史上重要な地位を占める古物陳列所は、故宮博物院と統合され、文化変革というその歴史的な使命を成し遂げたのだ。

三　北京故宮博物院

溥儀は退位後、すぐに紫禁城を離れたわけではなかった。当時の中華民国政府と清の朝廷が結んだ「清室優待条件」協議によると、溥儀は前の半分、すなわち乾清門以南の地域から退去すればよかった。なぜならこれらの建築物は皇帝が政治を行うための場所であり、清の皇帝が退位したからには皇帝の国はもはや存在せず、それらの場所は中華民国政府に帰属するものとなるのが必然だったからだ。

しかし、後ろ半分は皇帝とその家族の生活居住区であり、太后・皇后・貴妃らがそこに住んでいた。袁世凱らはもともと清朝の臣下であるため、愛新覚羅《あいしんかくら》家とのつながりが深く、袁らもまたこうした勢力の援助を得て、孫文（孫中山）率いる革命軍と対峙しようと思ったのだ。そうした政治的駆け引きの中、溥儀はいまだ紫禁城の後ろ半分に住んで、皇帝の待遇を享受しながら宣統の年号も使い続け、旧臣たちも今まで通りに三拝九叩頭の礼をとり、臣下として従っていた。

一九二二年十二月一日、溥儀が婉容と結婚した時、やはり大清皇帝の儀礼にのっとって婚礼を執り行ったが、これは事実上、中華民国の存在を承認しないことを示していた。その上、袁世凱が皇帝を称し、張勳が溥儀を再び皇帝に担ぎ上げるなど、事件と混乱が次々に発生し、民衆は溥儀を紫禁城から追い出さねば、封建残余勢力がまたぞろ勢力を取り戻そうとするだろうと考えた。

一九二四年十一月、北京を支配していた軍閥である国民軍の総司令、馮《ふう》玉祥は溥儀らに紫禁城の後廷からの退去を命じたのに対し、溥儀らはさまざまな理由をつけて引き延ばしを図った。国民軍は彼のこうした筋の通らない要求を拒絶、溥儀は圧力に負けて彼の父のものであった醇《じゅん》王府を臨時の住まいとした。その後、清の皇室の善後策を考える委員会ができている。

一九二五年十月十日、「故宮博物院」が正式に開館した。その目指すところは、故宮に収蔵されていた各種文物の整理、陳列場所の開設、参観者への対応、各種の宣伝物の編纂・出版などであった。しかし時局は揺れ動き、政権交替が相次ぐ中で、故宮博物院の上部機関もたびたび代わり、特に第一代院長の易培基が冤罪により辞職し、恨みながらこの世を去ったことは、初期の博物館発展の上での大きな損失となった。

一九三一年、日本は中国や諸外国を震撼させた九一八事変（満州事変）を起こした。東北三省は日本の占領下に置かれ、華北情勢は急を告げ、北京・天津に衝撃が走り、人々は未曾

1931年の故宮

有の危機がやって来るのを感じ取っていた。故宮博物院理事会はこの厳しい情勢を鑑み、逸品を選んで上海へ移動させることに決定した。

国民政府もこの計画を許可し、故宮では文物の選別と箱詰めを始めた。当時、故宮所蔵の文物はあちらこちらに分散しており、文物研究の基礎が整っておらず、真偽鑑定をするのも難しく、また、一部の文物はまだ展示されていて、それぞれの展示室はまだ通常通り開けておく必要があった。古い文物の南への移動は、人心への影響が避けられず、社会不安を引き起こす懸念から、政府内には国土防衛を第一任務とすべきとして、文物の南への移動には強硬に反対する者もいた。

一九三三年二月五日、余計な面倒を避けるため、搬出一回目の二千百十八箱の文物がひそかに大八車に載せられて太和門の前に集められた。暗くなってから軍事警察の護送によって前門にある鉄道駅に運ばれ、長い移送の道のりが始まった。最初、この文物は上海の租界に送られる予定だったが、この期に及んで突然、外国に保護を求めるのは安全でなく、国の体面も損なうので、文物は洛陽か西安に置くべきだと言い出す者が出てきた。もっとも、洛陽にも西安にも適当な場所がなく、文物はやはりもとの計画どおりに上海へ運ばれ、借りた倉庫にしばらく保管されることになった。

事があまりにあわただしく決まったため、案の定、上海で借りた臨時倉庫は保管場所として適しているとは言いがたく、周囲には住民が密集して住んでいて、火災もしばしば発生し、治安状況も楽観できなかった。故宮理事会は安全の観点から、南京に故宮博物院南京分院および文物倉庫を設立することとした。分院は朝天宮に設け、文物倉庫は朝天宮明倫堂の背後にある丘の下が選ばれた。倉庫はすべて鉄筋コンクリート建築で、三階建てだった。

一九三六年に入って、文物が上海から南京に無事到着した。一九三七年の七七事変（盧溝橋事件）後、南京は国民政府の首都となったが、その当時から情勢はすでに保証しがたくなっており、故宮の文物は再び疎開させられることとなった。

この時の文物の移転は、南・中・北の三方向に分けて行われた。

南路はまず長沙に運ばれ、岳麓山《がくろくざん》の湖南大学図書館に保管され、山に穴を掘って長期保存する準備を整えたが、戦火はすでに湖北湖南に及び、やむなくさらに貴陽に移転させることになった。貴陽でも一年も経たないうちに、日本軍が頻繁に貴陽の空襲を行うようになり、一九四四年には桂林などが陥落したため、南路の文化財は最終的に四川の巴県《はけん》に運ばれた。

中路は漢口から宜昌、重慶、宜賓を経て、最終的に四川の楽山まで運ばれた。

北路は徐州、宝鶏、漢中、成都を経由し峨眉に輸送された。

この三つのルートによって運ばれた文物は、幾度も苦難に直面したものの、故宮博物院の職員や多くの祖国を愛する文化人士たちの熱心な支援により、南遷した文物が一つとして失われることがなかったのは、奇跡といってもよいだろう。

一九四五年、八年間に及ぶ抗日戦争で勝利を収めると、南に移転した文物を戻し始めたが、これらの文物は南京に到着した後、北京に運ばれず、故宮博物院南京分院の文物倉庫の中に留め置かれた。この後に解放戦争が勃発したため、北京は南京にある文物を取り戻すことができなくなったのだ。

北京解放の直前になって、南京の国民政府は馬衡《ばこう》に命じ、北京故宮に残されていた貴重な文化財を南へ運ばせようと東単空港に専用機を待機させていたが、馬衡は文物の箱詰めは安全で確実でなくてはならないという口実を設け、解放軍が北京に入ってくるまで何度も時間を引き延ばしたため、解放軍が北京に入り、ついに文物の輸送は実現しなかった。

また、南京に残されていた国宝のうち、約六分の一が台湾に運ばれたが、これら文物は、書画・陶磁器・珍宝・図書・文献などが主であった。

一九六五年、台北市外双渓にある「故宮博物院新館」が落成し、一般開放が始まったが、中国の国宝はこの時より台湾海峡の両岸二カ所に分散され、海を隔てて相臨むこととなった。

四　瀋陽故宮博物院

瀋陽故宮博物院は、遼寧省瀋陽市の旧市街中心にある。清初には盛京宮殿といわれ、清の政権が北京に移された後、奉天行宮と呼ばれるようになった。敷地面積は六万平方メートル余りで、九〇カ所余りの建築物、三百余部屋があり、北京の故宮に次ぐ規模の清の宮殿建築物である。中国の古建築の伝統を引き継いでいて、漢族・満州族・モンゴル族の建築の精華を一つに集めたものであり、極めて高い歴史的・芸術的価値をもっている。

瀋陽故宮は一六二五年に建設され、建築物は東・中央・西の三路に分かれて配置されている。東路には清の太祖ヌルハチの時代に建設された大政殿と十王亭がある。中路にはホンタイジの時代に建築された大清門、崇政殿、鳳凰楼、清寧宮、関雎宮《かんしょきゅう》などが残る。西路には乾隆帝時代に増築された文溯閣《そかく》、嘉蔭堂、仰熙斎《ぎょうきさい》など立ち並ぶ。

瀋陽故宮

東路の大政殿と十王亭は、最初期に造られた清朝が北京に入る前の建築である。白山と黒水の間に興った女真族（後の満州族）は、遊牧を主として生計を立てていたが、その首領であったヌルハチは、明朝との長年の戦争のなかで勢力をしだいに西に伸ばしていき、後に都を盛京（現在の瀋陽）に定めた。盛京は自然条件に恵まれて住みやすいだけでなく、重要なこととして軍事上、明朝と交戦するのに有利な場所でもあった。

大政殿は中央に位置し、建物は八角形で、二重の尖った屋根をもつ木造建物で、須弥座の土台の上に石の欄干を巡らせ、大殿の八面は格子の木の扉でできている。正面前部には金の龍が這い上がる柱があり、屋根は緑の縁取りがある黄色の瑠璃瓦で、殿内には龍の模様の飾り天井がある。太政殿は詔書を出したり、軍隊出動を宣言したり、軍の凱旋を迎えたり、皇帝が即位したりする場所である。

大政殿両側にはそれぞれ左翼王、右翼王、正黄旗、正白旗、正紅旗、正藍旗、鑲《じょう》黄旗、鑲白旗、鑲紅旗、鑲藍旗の十個の亭があり、これを十王亭という。十王亭は左右翼王と八旗大臣が執務する場所で、その建物は少数民族のテントのようだ。ただし、テントは移動可能であるが、亭は動かすことができない。

中路は、建築群全体の中心となっていて、前・中・後と三つの院落《ユエンルオ》（建物の組み合わせからなる単位）に分かれている。前院には大清門・崇政殿・飛龍閣・翔鳳閣があり、中院には師善斎・協中斎・鳳凰楼があり、後院には清寧宮・関雎宮・衍《えん》慶宮・永福宮・麟趾宮がある。中院と後院の両側にはそれぞれ跨院《クワユエン》（正院の両脇にある中庭や建物のこと）があり、東・西二宮という。東宮には頤和殿、介祉宮、敬典閣があり、西宮には迪《てき》光殿、保極宮、継思斎、

瀋陽故宮鳳凰楼

崇謨《ぼ》閣がある。

大清門は瀋陽故宮の正門であり、文武の群臣たちが皇帝に拝謁する場所で、五間の切妻式の屋根をもつ建築物である。崇政殿は故宮の正殿で、後金の天聡年間（一六二七〜一六三六）に建てられ、ホンタイジが日常的に政務を行った場所であり、瀋陽故宮で最も重要な建築物となっている。五間九桁の切妻式で、格子の木扉が設けられ、前後に廊下があり、石の欄干で囲われている。屋根は緑で縁取られた黄色の瑠璃瓦だ。殿の前の東側には日時計が、西側には嘉量（容積の標準器）が据えられている。鳳凰楼も天聡年間に建てられ、三層の入母屋造りの屋根をもち、幅と奥行きはどちらも三間で、周囲に回廊があり、屋根は緑で縁取られた黄色の瑠璃瓦で、休息や宴会に使われた。

西路は乾隆四十七年（一七八二年）から四十八年に増築されたもので、劇舞台、嘉蔭堂、文溯閣、仰熙斎などからなる。文溯閣は清代の『四庫全書』を収蔵する七閣の一つで、三層の妻入り屋根の前

台北故宮博物院

後に廊下がついた建築物であり、緑で縁取りされた黒の瑠璃瓦の屋根をもつ。東側には碑亭があって、内部には乾隆帝の「御制文溯閣記」が立ち、閣の建設と四庫全書編纂の過程が詳細に記されている。

瀋陽故宮は清朝滅亡後に博物館となったが、中国で比較的早期の博物館の一つで、瀋陽古物陳列所、奉天故宮博物館、国立瀋陽故宮博物院などの名称変更を経て、一九五五年に瀋陽故宮博物館、一九八六年に瀋陽故宮博物院と改名された。瀋陽故宮博物院にはヌルハチが使った剣、ホンタイジの腰刀や鹿の角の椅子などの所蔵品があり、その大半が宮殿に残された宮廷の文物である。

五　台北故宮博物院

北京故宮博物院は抗日戦争前夜、貴重な文物が被害を受けるのを避けるため、重要な文物を選んで南に移転させた。しかしこれらの文物は北京に戻されることなく、人民解放戦争が勝利を迎えようとしていた矢先、国民政府は故宮博物院の特に貴重な文物を選んで軍艦に載せ、台湾へ運んでしまった。

文物は運ばれた後、まず台中市に置かれ、小さな陳列室を造って所蔵文物を公開展示した。ところが、この倉庫と陳列室は小さく、参観に来る人も多くなかったので、台北市士林区外双渓に新たな博物館を建てることとし、一九六五年に新館が完成して一般開放された。

外双渓は山に囲まれ、川が流れ、風景の美しい所である。「台北故宮博物院」は中国の伝統的宮殿建築の形式を取り入れ、水色の瑠璃瓦とクリーム色の壁をもち、白い大理石の欄干が石の基台の上を巡り、荘重で品が良く、優雅で美しい。新館は以前、孫文生誕百周年を記念して、中山博物院といわれていた（中国では孫文は一般的に孫中山と呼ばれている）。台湾に運ばれた文物はおもに書画、青銅器、陶磁器、玉器、皇室装飾品、骨董品、書籍、文献、そのほかの工芸品である。初めは収蔵点数が二十三万点余りだったが、公文書三十万点余り、および寄贈・購入品一万余点も合わせると、現在は六十万点にものぼる。

台北故宮博物院の収蔵品の中には、甲骨文が二万片余りあり、甲骨文の収蔵品の多さでは世界第二位となっている。陶磁器には原始時代の陶器から明・清代の磁器までさまざまな時代の代表的な作品が含まれており、中国古代陶磁器発展史を物語るものだといえる。

青銅器には、龍紋盤、毛公鼎、犧尊など、商・周時代の貴重な文化財がある。中でも毛公鼎は現存する青銅器の中で文字数が最も多く、内容も豊富な西周の青銅器である。

玉器では新石器時代の玉璧、玉圭、玉璜《ぎょくこう》、そして国内外に名高い清代の玉彫刻である翠玉白菜などが逸品といえる。

書画としては、王羲之「快雪時晴帖」、孫過庭「書譜」、顔真卿《がんしんけい》「祭姪文稿」、懐素「自叙帖」、范寛「溪山行旅図」、蘇東坡（蘇軾）「黄州寒食詩帖」、黄公望「富春山居図」（後半巻）など、唐から清に至る名家の代表作を擁している。

善本・古籍は二万冊近くを蔵し、中国で最も完全な『四庫全書』一揃いをも含んでいる。明・清代の公文書には、清朝の歴代皇帝が意見を書き付けた上奏文、軍機処の文書、清史館の文書、実録、皇帝の言行録、満州語の古文献があり、中には唯一無二で何ものにも代えがたいものまであって、これらはすべて明・清代の歴史を研究する上で欠くことのできない極めて貴重な史料となっている。

第五章

「故宮博物院」の珍蔵品

北京の「故宮博物院」には現在、各種の文物約百五十万点が収蔵されている。これらの文物はおおよそ書画、碑帖、陶磁器、玉器、漆器、琺瑯器、竹・木・牙・角器、青銅器、金銀器、彫刻・塑像、チベット仏教の仏像、家具、刺繍、時計、印章、宮廷生活用品などに分けることができる。これらはおもに、紫禁城・瀋陽故宮・承徳避暑山荘などの清の宮殿に所蔵されていた皇室収蔵品と装飾品である。さらに一九二五から一九四九年の間に、故宮はドイツ在住華僑商人・楊寧史から青銅器を、郭葆昌から磁器などの重要な文物を寄贈されている。

一九四九年以降、非合法な骨董商の所蔵品を没収したもの、愛国人士からの寄贈品、社会に募集をかけて購入し欠品を補ったもの、かつて清の宮殿にあって溥儀がこっそりと持ち出した貴重な書画作品、そしてほかの博物館や考古学機関と交換し合ったりして入手したものなどが所蔵品として追加収蔵されている。こうした文物の中から、代表的な作品を選び、ここに紹介していこう。

一　「中秋帖」と「伯遠帖」

「中秋帖」は王献之が揮毫したものだが、王献之は王羲之の第七子で、字を子敬、幼名を官奴《ど》といった。

王献之は、中書令を務めた中枢機関の要人であったため、「王大令」と呼ばれた。彼は奔放な人柄で、山水を好み、会稽（現在の浙江省）の風景の美しさに心を奪われ、帰るのを忘れたほどに心の底から賛美して「山陰道より上行するに、山川自ら相い映発《えいはつ》し、人をして応接するに暇あらざら使む」と感嘆した。ここから後世の人は、「山陰の道中」という言葉で、美しい物が次から次へと現れることを比喩するようになった。

王献之は書の資質に抜きんでており、その天賦の才を発揮した。真、隷、行、章、草、飛白、草の八書体すべてを操り、中でも行・草を得意とし、その書法は流麗で力強く、字体はしっかりとして美しく、そのみなぎる気と艶やかさは王羲之を超えるとさえ言われ、当時はこの親子を「二王」と呼んだ。

「中秋帖」の筆の運びは伸びやかで、結体（筆形の組み合わせ）は変化に富み、筆法は重く痛快で、張りと膨らみに勢いがあり、これこそがまさに王献之の「一筆書」の特徴であり面目躍如である。

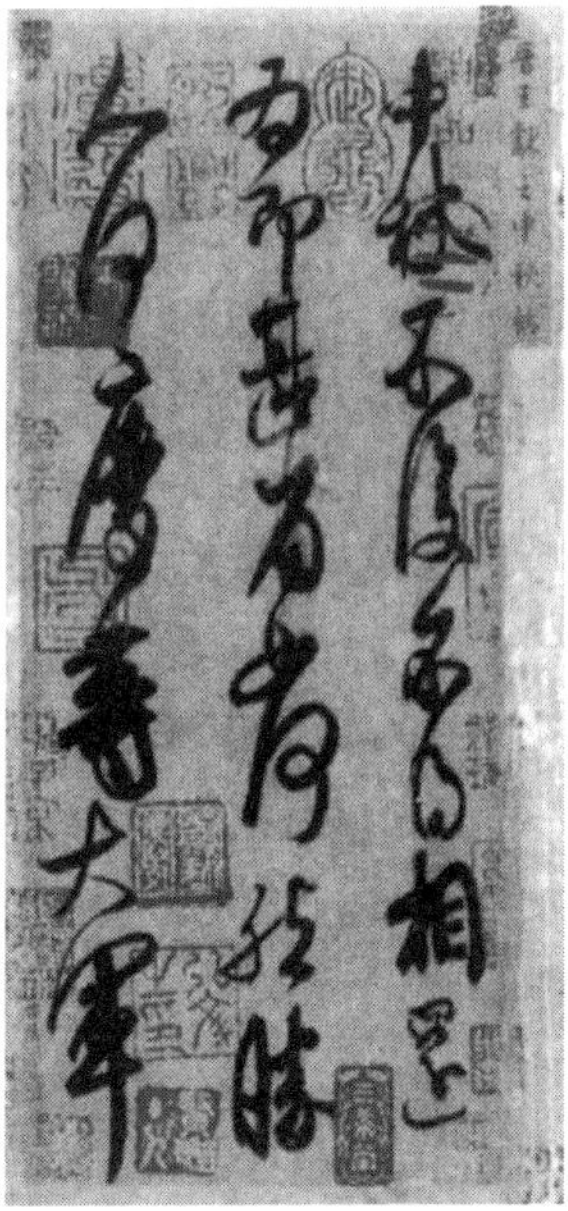
「中秋帖」（部分）

「伯遠帖」は、王珣が友人に病状を訊ねる手紙である。

王珣は字を元琳といい、原籍は琅琊《ろうや》・臨沂《りんぎ》（現在の山東省）で、京口（現在の江蘇省鎮江）に生まれた。名門の出身で、学問の才に恵まれ、典籍を好み、詩文と書において名を馳せ、東晋の孝武帝に重用された。

彼はある時、人から家の垂木ほどの太さの筆を贈られる夢を見て目覚めると、「此当《まさ》に大いなる手筆の事有るべし」と自ら感じた。

間もなく皇帝が逝去し、その死を哀悼し業績を称える文章を作ることになり、すべてを王珣が起草することとなった。これが「大手筆《だいしゅひつ》（大家の著作の意味）」という言葉の由来である。

「伯遠帖」の書法は細いが力強く、古風で美しく、筆の止めが章草の神髄を留めていて、筆の出入りに緩急抑揚があり、また稜角もあって、力がみなぎり、作為や平凡の痕跡はない。その趣きはのびやかで恬淡、乾隆帝御題のとおり、「江左風華（長江下流南岸地域の風采・才能）」の風格を余すところなく示している。

王献之の「中秋帖」、王珣の「伯遠帖」、王羲之の「快雪時晴帖」の三つは、かつて乾隆帝が特別に設けた専用の書斎である「三希堂」に収蔵されていたため、これら三帖は「三希」と呼ばれるようになった。

「中秋帖」と「伯遠帖」の二帖は、最後の皇帝である溥儀が宮殿を去る時に、瑨《しん》貴妃によって紫禁城から持ち出され、大コレクターである郭葆昌が入手した。郭葆昌はそれを人に明かさず、死の直前にようやくこのことを子の郭昭俊に告げた。郭昭俊は生活に困窮し、これを香港のある教会銀行に担保として入れた。

一九五一年十一月末に担保期限がきたが、郭はまだこの時もお金に困っていて、公共機関にこれの請け出しを打診した。

十月二十五日、文物局副局長・王冶秋はこの情報を得、すぐに中央人民政府に指示を仰いだ。周恩来総理は「それが贋作でないことを確認した上で、安全に国内（当時の香港は英領）に送り届ける」という条件で、個人名義でこれを購入するよう指示した。

十一月十一日夜、王冶秋と故宮博物院院長で文物収蔵・鑑定家である馬衡の二人は、広州に南下する列車に乗った。当時、北京から広州へ行くにはまず上海へ行き、そこで乗り換えなければならず、その夜は濃霧だったため、列車は四十分遅れで上海に到着、広州行の列車の発車時間までわずか五分しかなかった。馬衡は間に合わないと観念したが、王冶秋が事前に上海軍政委員会に通知していたので、この五分間で荷物の積み替えを終えるなど、大騒ぎの末、十五日に広州に到着した。

十六日、王冶秋と馬衡はスーツを購入し、写真を撮り、フェリーチケットを買い、商人のなりをしてマカオを経由して香港へ行く道をとった。十八日、彼らはフェリーでマカオに到着した。二人は、もともとは一緒に香港に行く予定だったが、入国管理が厳しく、王冶秋と馬衡は身分を明かすことができなかったため、徐伯郊ら三人が代わって香港に入り、郭昭俊と交渉することにした。徐伯郊ら三人は変装し、何度も香港に渡ったが、やっと二十二日夜になって上陸して郭昭俊と会うことができた。郭昭俊に三万香港ドルを渡すという条件で、中国政府にこの二つの帖を売り渡すことを承知した。

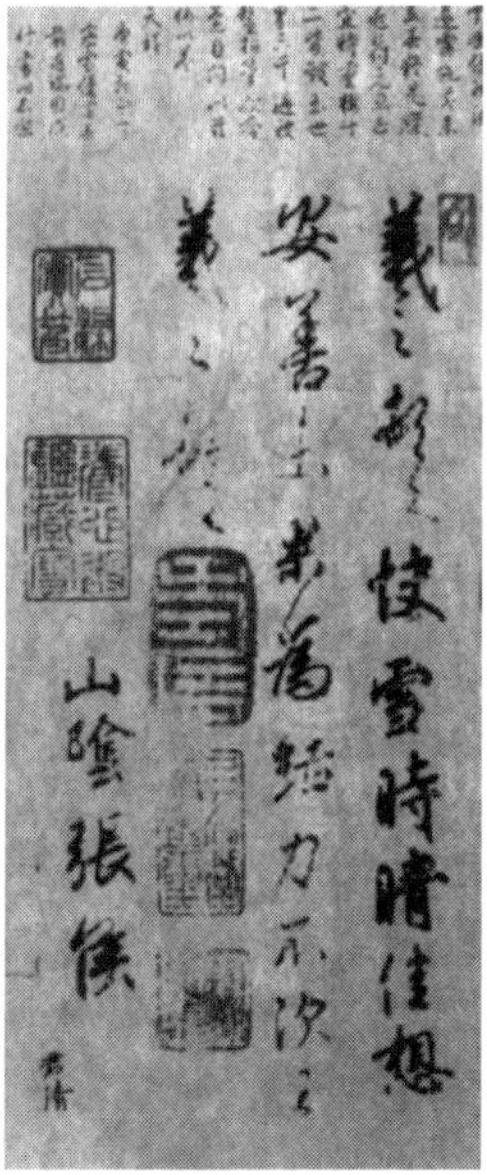

「快雪時晴帖」

二十八日、徐伯郊らは「二希」を広州まで護送し、王・馬らが駅で「二希」を受け取った――抵当期限二日前に人々の垂涎の的である「二希」は、四十五万八千三百七十六香港ドルで、ついに買い戻されたのだった。「快雪時晴帖」も溥儀が宮殿を退去する時に持って出ようとしたものの、注意深い門衛に見つかり押収され、後日、この作品は台北故宮博物院の収蔵品となった。

北京故宮博物院の「三希堂」は昔のままであるが、本来そこにあるべき三点の文物はいまだここに揃っていない。

二　「歩輦図」

「歩輦図《ほれんず》」は横百二十九センチメートル、縦三十八・五センチメートルで、閻立本《えんりっぽん》が唐朝と吐蕃（現在のチベット）の友好交流のために描いた作品である。

七世紀、中国西南部に位置する吐蕃が強大化し始め、貞観八年（六三四年）、吐蕃王のソンチェン・ガンポは、長安まで使いを遣わし、唐との婚姻を求めてきた。李世民（太宗）は彼の要求に応え、文成公主をソンチェン・ガンポに降嫁させることとした。貞観十五年（六四一年）春、吐蕃の宰相であるガル・トンツェンユルスンが長安に文成公主を迎えにやって来た。文成公主は多くの書籍や職人と共にチベットへ行き、吐蕃の経済・文化の発展に大きな役割を果たした。

この絵に描かれているのは、李世民が吐蕃の使者である

「歩輦図」

ガル・トンツェンユルスンに接見している情景である。李世民は宮女が持ち上げる車に座り、ほかの宮女は手に団扇や華蓋を持ち、ガル・トンツェンユルスンは拱手《きょうしゅ》して恭しく立っている。「歩輦図」は芸術的な価値をもつだけでなく、歴史的価値もあって、中国とチベットの人民の友好往来の証しともなっている。

三 「『唐三彩』の馬」

「唐三彩」とは、陶器の白地を千百度前後で焼き上げた後、さらに上釉《うわぐすり》をかけ、再度窯に入れて焼き上げる往時の最先端技術を指す。唐の高宗・則天武后の時代に出現し、盛唐時代にそのピークを迎えた。これは鉛を溶剤とし、銅・鉄・コバルトなどを着色剤として、緑、黄色、白、赤褐色、青などのさまざまな色合いに焼き上げられた。

故宮博物院には二〇〇点余りの「『唐三彩』の馬」が収蔵されており、みな適度に肉が付き、均整がとれた身体つきで、万里を駆ける勢いがあり、唐朝の国勢の最盛期を照らし出すものである。唐の統治者は西北の少数民族の血統をひいており、衣冠制度は北周・隋を踏襲し、「馬上の天子」である李淵・李世民親子はどちらも騎射を得意としていた。李世民はかつて「大丈夫（一人前の男）世に在りて、楽事《がくじ》に三有り」の言葉を残している。

天下太平にして家給し人足る、これ一楽也。
草浅にして獣肥え、礼を以て畋狩《でんしゅ》し、弓は虚しくは楽せず、箭は妄りには中らず、これ二楽也。
六合大同し、万方咸《みな》慶《いわ》い、楽高の宴を張り、上下歓洽《かんこう》す、これ三楽也。

李世民はさらに閻立本に昭陵六駿（李世民の陵墓にあるレリーフ）の原図を描かせ、職人に命じてレリーフにし、永遠にその側近くに置いた。

唐の明皇帝・李隆基（玄宗）は、舞馬《ぶば》を訓練して、自分の誕生日である千秋節に調子に合わせてトントン、ひらひらと踊らせた。楊貴妃一族は騎馬で隊伍を組んで出かけ、そのにぎやかな声は長安じゅうに響き渡った。虢国夫人《かくこく》（楊貴妃の姉）は騎馬で宮中に入り、「蛾眉を薄く描いて至尊に朝す（薄化粧をして皇帝に拝謁した）」という。

王維はその詩「観猟」で、

風勁《つよ》くして角弓鳴り、将軍渭城に猟す。
草枯れて鷹眼疾く、雪尽きて馬蹄軽し。
忽《たちま》ち新豊《しんほう》の市を過ぎて、還《ま》た細柳の営に帰る。

昭陵六駿のレリーフの一つ「颯露紫」

雕《わし》を射し処を回看すれば、千里の暮雲平也。

と詠じた。

張祜は「観徐州李司空猟」の詩で、

暁に郡城の東を出で、浅草の中を分囲す。
紅旗開きて日に向かい、白馬は驟《はし》りて風を迎う。
手を背にして金鏃《きんぞく》を抽《ぬ》けば、翻身して角弓を控《ひ》く。
万人の斉《ひと》しく指す処、一雁寒空に落つ。

と詠んだ。

李白も、

五花の馬、千金の裘《かわごろも》、児を呼びて将《まさ》に出でて美酒に換えしめ、爾《しか》と同に万古愁を銷《け》さん。

と作している。

これらはすべて、馬が唐の人々の日常生活の一部になっていたことを示すものである。

四　永楽・宣徳款の「銅仏像」

明朝は元朝の統治手法を踏襲し、チベット仏教がチベットなどの地において至上の地位を保つようにした。しばしば中国に高僧を呼び寄せて「大宝法王」「護教王」などの称号を下賜したり、寺院建設や仏像鋳造のための経済上の援助を与えたりして、チベット仏教の光明が広く行きわたるようにしたのである。

永楽・宣徳款《かん》（陰刻）の「銅仏像」は、明朝がチベットの高僧のために製作した仏像で、像の上に「大明永楽年施《し》」「大明宣徳年施」と刻まれているためにこのように呼ばれている。

これらの仏像は均整がとれた面貌で、顔がわずかに下を向き、眉目は細長く、静粛な美しさがただよう中、わずかに笑みを浮かべている。腰は細く、肩は広く、肩から腰は逆三角形をしており、腰は多くが直立し、両脚は結跏趺坐《けっかふざ》で、説法あるいは禅定《ぜんじょう》の形に作られている。

菩薩は剣や杵《しょ》などの法器を持ち、二本腕が多いが、四本のものもある。腰はSの字型で、薄長の上半身、小腹部は引き締まり、へそが深くくぼみ、肌には張りがある。そうした肢体の菩薩に綾なされた宝冠、玉飾り、首飾り、耳飾りなどの繊細で細やかな美しさにも驚嘆させられる。

仏像の台座は二層の仰覆蓮華座で、上向きの花びらはやや短く、下向きの花びらはやや細長で、花びらの間は鋭角となっていて、蓮華座の底は上部よりも少し大きく、安定している。蓮華座の上層と下層のどちらも周囲に連珠文の装飾が象嵌されている。

永楽・宣徳款の「銅仏像」には、精緻で細美な皇室の風格が感じられる。仏像自体が内包するもの――皇帝がチベットの高僧に下賜した神聖なもの。必ず極上の銅が用いられ、技を極めた職人と最先端の鋳造技術により完成されたもの――。

まさしくほかの仏像では望めないものであろう。

五　何朝宗の「達摩渡海像」

中国芸術において、山水風景の表現ではその境地を際立たせることに価値があり、人物表現では迫真性を強調する。迫真性は芸術家が追求する極致であり、また芸術作品の成功・不成功をはかる指標でもある。成功を収めた芸術作品は、人物の表情の描写に重きを置いていることが多く、さらにさまざまな芸術的手法によりその真実、イメージを表象化している。

何朝宗の磁器作品もまた例外でない。福建徳化窯の陶磁職人・何朝宗は、明朝の嘉靖年間・万暦年間が充実した活動期だ。彼は幾つもの作品を特定の環境の中において、テーマの具現化を図っており、「達摩渡海像」はその典型である。

達摩は達磨とも書き、「菩薩達摩」の略称で、南インドの人だといわれている。南朝の宋の

何朝宗の「達摩渡海像」

時代にインドから海路広州に到達したが、梁の武帝とそりが合わず、長江を渡り北上し、洛陽へ行って、のちに嵩山少林寺に住んだ。伝によると、彼は嵩山で十年間、壁に向かって座禅・修行を積み、ついに、悟りを得たという。彼は中国仏教の禅宗の創始者でもある。

この「達摩渡海像」は、瞳に深遠な輝きを浮かべ、巻いたほおひげをもち、両手を胸の前で合わせて、遠くを眺め、足元には大海原が広がっていて、東方にやって来て法を弘めようとする抱負と固い決意が、こうした情景の中で余すところなく表現されている。

何朝宗の創り出す磁器の人物像は、魏・晋・南北朝以降の仏像製作の良き伝統を吸収し、世俗離れした気品と堂々たる気宇、言葉では伝えられない聡明さと叡智を見せていて、いよいよ高処《たかみ》に達した作者の境地を感じさせる。同時に、神々のそれぞれの特性に基づいて現実生活の中から真髄を汲み出し、大胆に革新し、人々の好みや要求を加えている。親密な、しかし俗に媚びない、凛然として敬すれども恐れぬ心、神的気品と人間的魅力、天国と現世、こうしたものすべてが作品に込められているからこそ、厳粛でありながら、温かみも伝わってくる。

このような見目麗しき磁器作品を焼き上げることができたのは、何朝宗の極めて高い技量のほかに、徳化窯が使用している陶土と焼成技術にも密接な関係がある。

まず、徳化窯の陶土は二酸化ケイ素が多く含まれるため、高温によってガラスのような状態となり、素地がきめ細かく、透光性が高い。

次に、釉薬からみると、ほかの窯は酸化鉄を比較的多く含む原料を使っているので純度が相対的に低く、白磁が黄味や青味を帯びる。しかし徳化窯のものは酸化鉄の含有量が低く、酸化カリウムが多く含まれるため、白磁の純度不足という欠点を克服しており、その上釉の色はより純粋で、明るい所で見ると殊のほか輝いている。

また、作家は焼成過程における磁土の収縮度を充分に把握しているため、この収縮度を利用して、作品の立体的質感をより際立たせているのである。

六　故宮の時計

正確に時を計ることは人類社会の発展にとって必須であり、人々はそれを追求してきた。非常に古い時代から中国人は日晷《ひき》（日時計）や水時計などの計時装置を発明していた。日晷は日規ともいわれ、中国古代において太陽の影を利用して正確に時間をはかる計時装置の一種であった。これは指針と円盤とからなり、指針は「晷針」「表」ともいわれ、垂直に円盤の中心を貫いており、円盤は「晷面」といわれ、四十五度の角度で台の上に置かれ、南が高く北が低く、円盤の表面は赤道面と平行になっており、指針の上端は北極を、下端は南極を向いている。

日時計の上下両面には一二個の目盛りが描かれ、一つひとつの目盛りが二時間、すなわち古代の時辰《じしん》（刻）を意味する。太陽光が日時計を照らしているとき、指針の影がその上に映り、太陽が東から西へと移動するにつれ、指針の影は逆の方向、西から東へと移動する。春分から秋分にかけては、日時計の上の面の刻みを、秋分から翌年春分にかけては下の面の刻みを見る。日時計の影を見れば、時間を知ることができるというわけである。

交泰殿に置かれた「銅壺滴漏（水時計）」

交泰殿は内廷後三宮のひとつで、皇帝権力の象徴である25個の玉璽が陳列されているほか、「銅壺滴漏」と「大自鳴鐘」も展示されている。

水時計もまたもう一つの計時装置だ。昔の人が、自然の洞穴の中で水滴が落ちるテンポが一定なのに気づいてヒントを得たもので、容器の中に水をため、下部に小さな穴を開けて水を滴らせ、三滴落ちるごとに一秒とし、六十秒で一分、六十分で一時間、二時間を一時辰としたものである。このようにすれば正確に秒、分、時、辰、日を計算できる。後にさらに改良が加えられ、水を入れた容器を高低に分けて配置し、どの容器内にも時を刻んだ浮標尺を入れた。浮標尺は水位の変化によって変わり、この浮標尺により何時何分ということをはっきりと知ることができた。

故宮博物院の時計館には、大きな水時計があり、太和殿東側などの場所にも石でできた日時計が置かれている。これらはすべて昔の人々が時を計った証拠品だ。

十六世紀中期以降、欧州のキリスト教宣教師が中国にやって来て、その際に欧州の時計が中国にもたらされた。

故宮の時計館内部の様子

一六〇一年、イタリア人宣教師マテオ・リッチが明の万暦帝に時報が鳴る二台の置時計を贈り、宮廷で大きな反響を呼んだ。

康熙帝は欧州の科学技術に高い関心をもち、西洋の科学機器や各種の時計を収集した。当時中国にやって来た宣教師のほとんどが西洋時計を持参し、中国の皇帝や王公・大臣に贈った。

故宮に収蔵されている時計はイギリス、フランス、スイスなどの国からもたらされたもので、これらの西洋時計は美しい造型をもち、精巧な技術が使われ、実用性と芸術性が結合していて、その時代の欧州の時計製造レベルが極めて高かったことを示している。

イギリスで製造された金銅のゾウ

「楼式走人転花楽鐘」

の戦車時計は、幅百三十六センチメートル、高さ七十二センチメートルで、ゾウの引く戦車に乗った英国兵士が戦うシーンを描いたものだ。ゾウはぜんまいを巻くと目や鼻、尾が動き、戦車の車輪も同時に回り始め、車の上部にある時計も車輪の回転と共に角度が変わって、見やすくなる仕組みとなっている。

金銅製の字を書く人物に材を取った時計は、幅七十七センチメートル、高さ二百三十一センチメートル。洋服を着て革靴を履いたこの人物は、片膝ついて手に筆を持っており、ねじを巻くと、紙の上に「八方向化、九土来王（世界がひれ伏し、各国がみな王に推戴する）」という八文字を書く。この時計は明らかに清の朝廷に贈るために製作されたものである。

さらに、楼閣が上に下にと動く時計もあり、一刻おきに「ジャスミンの花」の音楽の伴奏と共に上下し、曲が終わるともとに戻る。一見あまり高くない中国の楼閣も、時計の盤面上ですべてが展開すると、驚くほど壮観なものになる。

また別の種類のものとして、宮廷の時計製作所でつくられたものもある。

「韓熙載夜宴図」

時計製作所でつくられた時計は、西洋時計のきらびやかな材質とユニークな構想を採り入れたのみならず、多くの中国の伝統文化的要素を加えている。例えば、紫檀枠の格子棚とアンティークな額縁の中に時計がはめ込まれたものは、実用的であると共に美しく優雅なものとなっている。

七　「韓熙載夜宴図」

「韓熙載夜宴図」は横三百三十五・五センチメートル、縦二十八・七センチメートルで、五代の画家・顧《こ》閎中《こうちゅう》が描いたものである。

顧閎中は江南の人で、南唐の後主（第三代国主の李《り》煜《いく》）の時に画院の待詔（翰林院の文書官）を務めた。『宣和画譜』によると、後主・李煜は韓熙載を重用しようとしたが、「頗《すこぶ》る其荒縦《こうしょう》なるを聞き、然して樽俎燈燭《そんそとうしょく》の間に觥籌交錯《こうちゅうこうさく》之態度を見んと欲すれども得る可からず、乃《すなわ》ち閎中に命じて夜、其の第《やから》に至り、之を竊《ひそか》に窺《うかが》い、目に識り心に記して、絵に圖《えが》き以て之を上げしむ」とある。

すなわち、顧閎中に、韓熙載の生活状況を絵に記録させ、その噂が正しいかを見てみようとしたのであり、最後に彼を用いることはやめている。一説に、李後主は韓熙載の晩年の荒《すさ》んだ生活に極めて不満をもっていて、この絵の力を借りて、反省させ改めさせようとしたのだという。

「韓熙載夜宴図」は五つの場面で構成されており、完全な連続画のようであるが、宴会上の遊び道具や歌舞、主客が入り交じって笑い楽しむ賑やかな場面が精緻に描かれ、韓熙載の夜宴の賓客の様子をリアルに再現している。描かれている線は流麗で、色彩は鮮やかにして優雅、中国美術史に燦然と輝く名画である。

おわりに

「長城に至らずんば好漢にあらず、故宮に遊ばずんば誠に遺憾」という民間に流布する諺は、故宮が人々にとってどのようなものであるかを示している。確かにいくつもの王朝の首都として、歴史が北京に残した足跡は非常に多く、人々が万里の長城や故宮に対してもつ愛着はいよいよ深いものがある。それは長城が一般民衆の精神的な象徴であり、故宮が神秘的な帝王文化の縮図だからである。これらがもつ思想・文化・芸術などは、歴史の時空の絶え間ない転変や積み重ねの中で、よりいっそう深いものとなっている。

赤い壁がたかだかと聳える奥深い故宮は、中国の重厚な歴史と芸術の百科全書だ。興味を抱いた方々がここで心の栄養と知識とを得られ、この一大歴史を書いた先人や芸術家たちに対して、心からの敬意を表されることを願ってやまない。

訳者あとがき

故宮博物院は旅行者にとって、万里の長城と並ぶ北京の必見スポットで、アクセスのよさを考えると、一番人気の観光地ともいえます。映画『ラストエンペラー』の壮大なシーンを思い浮かべ、日本にはないスケール感に驚嘆する人も多いことでしょう。

中国人にとってもこの故宮は、中国の偉大なる時代をしのばせるものであり、誇りとするものです。最近では、故宮博物院はニューメディアを積極的に活用し、さまざまなグッズやソフト・アプリの開発も行っていて、若者から熱い視線を浴びています。

私は留学時代に中国建築史の授業を聴講したことがありますが、その中で、「中国建築の代表は宮殿建築だ」と先生が言っていたことがとても印象に残っています。宮殿建築といえば紫禁城であり、つまり紫禁城が中国建築の代表なのです。本書を読み、皇帝たちの住まう紫禁城に心を遊ばせてくだされば幸いです。

天壇

「天人合一」の宇宙観の体現

森田六朗　訳

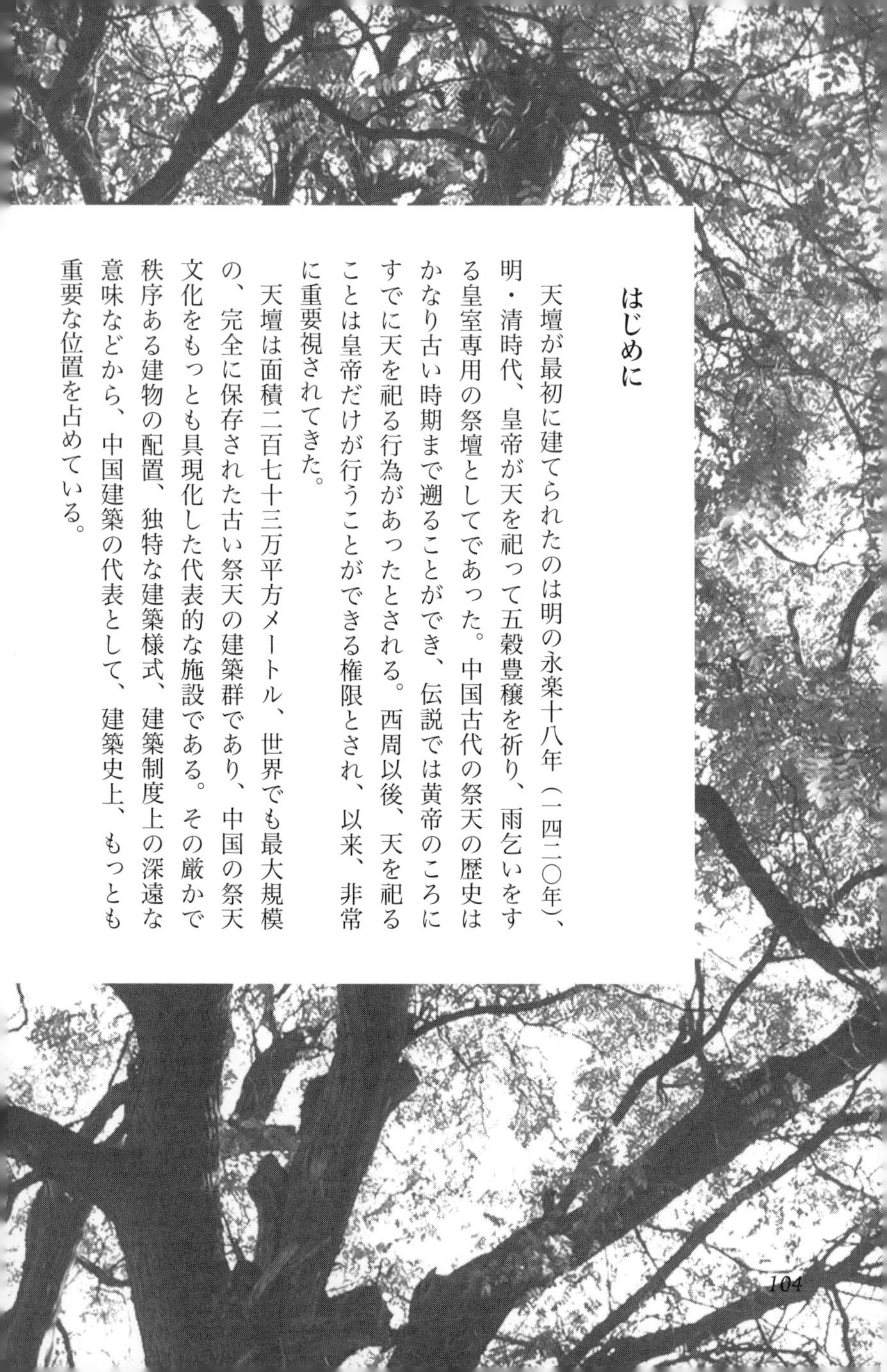

はじめに

天壇が最初に建てられたのは明の永楽十八年（一四二〇年）、明・清時代、皇帝が天を祀って五穀豊穣を祈り、雨乞いをする皇室専用の祭壇としてであった。中国古代の祭天の歴史はかなり古い時期まで遡ることができ、伝説では黄帝のころにすでに天を祀る行為があったとされる。西周以後、天を祀ることは皇帝だけが行うことができる権限とされ、以来、非常に重要視されてきた。

天壇は面積二百七十三万平方メートル、世界でも最大規模の、完全に保存された古い祭天の建築群であり、中国の祭天文化をもっとも具現化した代表的な施設である。その厳かで秩序ある建物の配置、独特な建築様式、建築制度上の深遠な意味などから、中国建築の代表として、建築史上、もっとも重要な位置を占めている。

天壇全体の配置をみると北が円形、南が方形となっていて、「天は円く、地は四角である」ことを象徴している。二重の壁によって外壇と内壇に分けられている。天壇の建物は同一時期に建てられたものではないが、その構成は合理的で厳密、壇域内の西南の角にある斎宮と神楽署以外、多くの建物は、天壇を南北に貫く主軸線の上に集中的に分布している。北は祈穀壇といい、祈年殿・丹陛橋・宰牲亭・神厨・長廊などがあり、南は圜丘壇といい、圜丘・回音壁・宰牲亭・神厨などの建物がある。それぞれの建物が独立しており、まちまちではあるが趣があり、お互いに呼応しあうような配置になっている。

天壇は古建築がすばらしいだけでなく、域内に北京市で最大の面積をもつ古い柏（コノテガシワ）の緑地があって、人を引きつけるもう一つの美しい景観となっている。天壇に現存する古柏は三千五百株以上あるが、これらはおもに明・清時

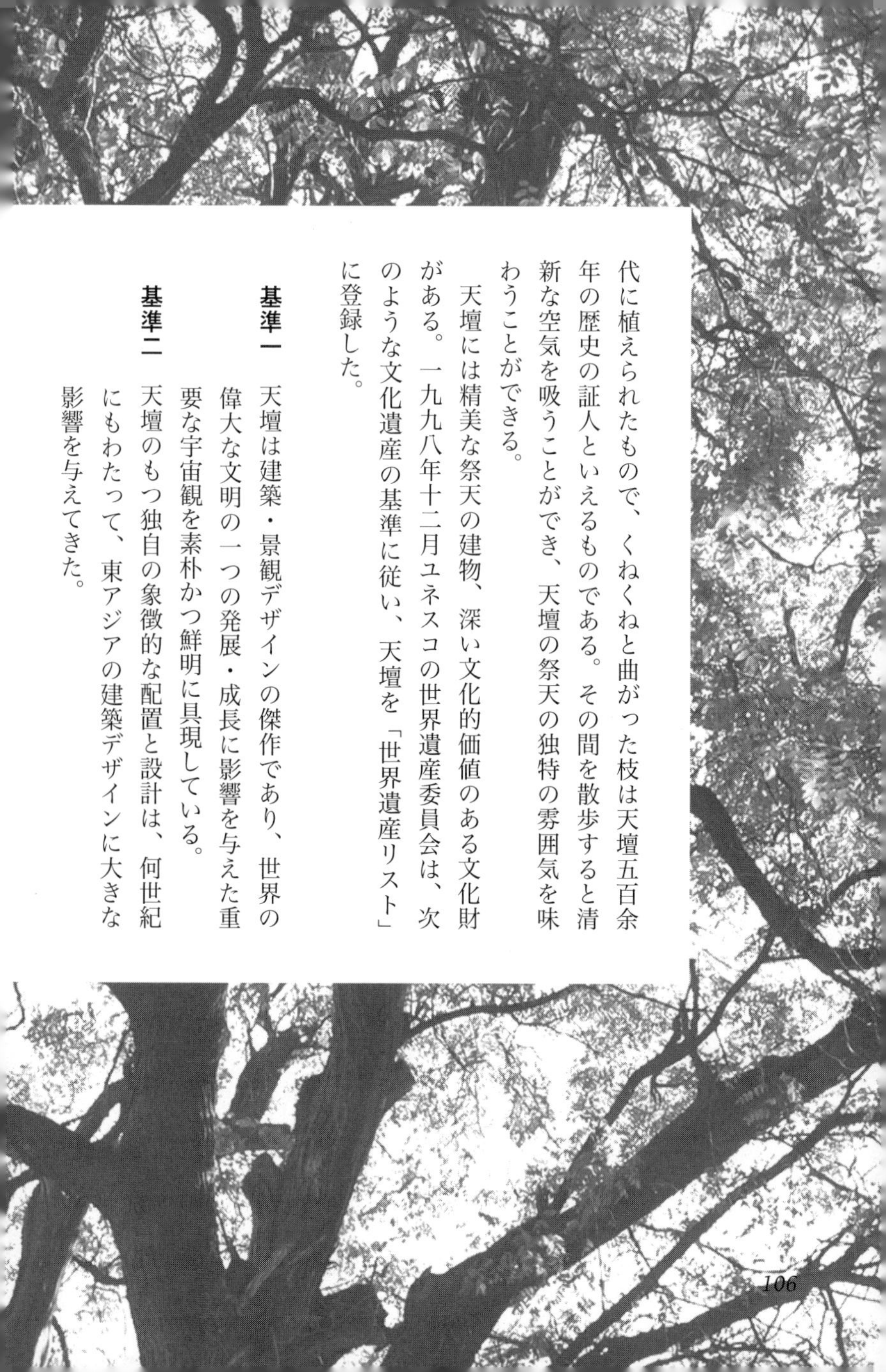

代に植えられたもので、くねくねと曲がった枝は天壇五百余年の歴史の証人といえるものである。その間を散歩すると清新な空気を吸うことができ、天壇の祭天の独特の雰囲気を味わうことができる。

天壇には精美な祭天の建物、深い文化的価値のある文化財がある。一九九八年十二月ユネスコの世界遺産委員会は、次のような文化遺産の基準に従い、天壇を「世界遺産リスト」に登録した。

基準一　天壇は建築・景観デザインの傑作であり、世界の偉大な文明の一つの発展・成長に影響を与えた重要な宇宙観を素朴かつ鮮明に具現している。

基準二　天壇のもつ独自の象徴的な配置と設計は、何世紀にもわたって、東アジアの建築デザインに大きな影響を与えてきた。

基準三　二千年以上も中国は封建王朝の統治の下にあったが、天壇の設計と配置はまさしくこれら封建王朝の合法性の象徴である。

世界遺産委員会はさらに天壇に対して次のような評価をしている。

天壇は十五世紀前半に建てられ、皇室の庭園にあって周囲を古い柏に囲まれ、保存が良好な壇や廟の建築群であり、全体の配置も単独の建築物もすべて天と地の関係を反映している。しかもこの関係は中国古代の宇宙観の中心的位置を占めており、また、これらの建築物は帝王宰相が天地の間で担う独特の役割を形にして示している。

第一章

歴史を遡《さかのぼ》り天壇を語る

北京の天壇は明・清時代の帝王が祭天の儀式を行った場所で、六百年ほどの歴史がある。ただし、祭天という活動そのものの始まりは遙かな大昔のことであり、具体的な文字記録としては西周時代に遡る。長い歴史の中で、祭天という活動は数千年の変遷を経ながらも途切れることなく、各時代の封建帝王の尊崇を受けて延々清朝の滅亡まで継続され、統治者階級がその統治権を顕彰する重要な儀式となった。天壇は中国の封建帝王が天を祀った唯一にして最後の遺跡であるとともに、世界でもっとも完全に保存された最大規模の祭天建築群で、中国の伝統文化を理解するための重要な窓口となっている。

一　天壇祭天の由来

天を祀るという行為は遠い古代にまで遡る。そのころは生産力も低く、人類は科学的な知識をもたず、自然界の変化や昼夜の交替、天災地異を解釈する方法もなかった。そこで原始人の中に自然崇拝が生まれ、自然界の中に何か神霊のようなものが存在していて、知らないうちに人間世界の一切をコントロールしていると考えた。こうした神霊は人類の成長を助けもするが、他方で生存を脅かしもする。人類はこうした神霊に感謝するとともに恐れも感じた。そこで、こうした多くの神々を崇《あが》め奉《たてまつ》り、福を求め禍を免れることを願った。

もっとも権威のある神霊は天の神で、原始人の頭の中に、天の神の超越的な力への崇拝がすでに存在していた。原始時代の遺跡への考古学的調査によって、中国には一万八千年前の山頂洞人（北京・周口店から発見された人類化石）の時代に、早くも天を祀る活動があったことが分かっている。

中国古代の宇宙観のもっとも基本的な要素は天・地・人で、『礼記《らいき》・礼運』では「夫れ、礼は必ず天に本《もと》づき、地に肴《なら》い、鬼神に列《つらな》る」と述べている。『周礼《しゅらい》・春官』には、周代の最高の神職である「大宗伯」は「邦《くに》の、天の神・人の鬼《たましい》・地の示《かみ》の礼を建つることを掌《つかさど》る」という記載がある。『荀子・礼論』でも「上は天に事《つか》え、下は地に事え、先祖を尊び君師を隆《たか》む、之《これ》の礼の三つの本《もと》なり」と言っている。

祭天と、中国の伝統的農業社会の特質とは密接な関係にあって、中華民族の典型である農耕文明において、古代の人々は、

中国古代の祭天の楽舞

ただただ天に頼って「メシを喰う」しかなかった。古代においては作物の成長はおもに天に頼っており、気候が順調なら五穀豊穣だし、そうでなければ穀類が実らず皆が苦しんだ。したがって人々が天を頼りにするのには、深刻な現実的な背景と必要があったからである。昔の人は生活の保障を得るために、収穫の出来を天に託し、天を祀ることで神に加護を願い、天の神がこの世に福をもたらし、万物の成長を促してくれることを期待したのである。

西周以後、中国の古代社会において次第に一定の形式と規範をもつ祭天の体系が形成されていった。昔の人は「日、冬至なれば則ち一陰下に藏《かく》れ、一陽上に舒《の》ぶ」と考えた。つまり毎年冬至の日には一年の陰気が収まり、陽気が上ってくる日で、冬至は「一陽と資って始まる」日であると考えた。だから西周時代に「冬日至れば、地上の圜丘に于《お》いて祭天す」と規定したのである。

二　天を祀る場所の選択

祭祀のためには当然、場所を選ばなければならない。ところが早い時期の祭祀では特定の場所はなく、どこでも適当に行えばよかった。祭祀制度の規範化とともに、特定の祭祀の場所が現れ始めた。最初の祭祀は比較的単純で、天を祀るなら高い山の上や大きな木の下、あるいは水辺や柱の下だった。その後、神霊への敬虔な気持ちを表すために、人々は神廟や祭壇を建てたのである。

後になって天を祀るのに郊外（都市の城壁の外）を選ぶようになり、そのために祭天のことを「郊天」ともいうようになり、祭天する場所を「祭天壇」といった。「壇」というのは『礼記・祭法』の注に「土を盛って壇と為す」とある。つまり土石を積み重ねて地面より高い祭壇を造った。壇の形状は祭祀の対象によってまちまちである。祭天の壇は円形だが、その形は天円（天は円い）の考え方を形にしたもので、昔は圜《えん》丘といった。壇の高さと広さは、時間・地点・等級などによって一様ではない。壇は通常、都市の城壁の外にあるが、時に山の上にあることもある。秦漢時代の封禅の儀式は、泰山の山頂で土を盛って壇を造って祭天し、これを「封」といった。梁父山では、地を掃《はら》い清めたところ（墠《せん》）で地を祀りそれを「禅」といったので、あわせて「封禅《ほうぜん》」という

古代の祭壇（東山嘴遺跡）

のである。

『周礼』に「国を営《みやこ》むに、左に祖（先祖の廟）、右に社（国家の壇）、明堂（最重要の建物）は国の陽《みなみ》にあり」とある。都というものができて以来、天を祀るのに、すべて都の南の地を選ぶようになったのは、この『周礼』の「国の陽」の考え方を取ったものである。『周易』では宇宙の間に「天、地、人」という三つの才（機能）があって、天は上に、地は下に、人は天地の中間にあると考えられている。乾《けん》の卦《け》（易の陰陽の組み合わせ）は天の代表、坤《こん》の卦は地の代表であり、平面の方位でいうと乾の卦の「先天方位《せんてんほうい》」は南にあり、坤の卦の「先天方位」は北にある。よって天、地、人の三者の位置は天が南で地は北、人は南北の間にある。このことから祭天の場所は都の南に決められたのである。東晋の元帝・司馬睿《えい》が建康（今の南京）に都を造り、「南郊を巳《み》（東南）の地に立て」てからは、天を祀る壇は都の郊外の東南方向に建てられるようになった。その後の歴代も多くは東南の方角に壇を立てたが、明・清の天壇の位置も紫禁城の東南の方角にあり、まさしく「国の陽」という基準に合致している。

三　天壇の名称の由来

天壇は明・清の帝王が天を祀る専用の場所であり、その名称は歴史的に絶えず変化してきた。現在の天壇は天壇公園の管轄範囲、おもに圜丘壇や祈穀壇などの建築物を指している。ところが明朝では当初、天壇は圜丘のみを指していた。その後祭天の建物の制度がたびたび変わり拡張建築され、その範囲は次第に拡大していって、祭壇全体を指すようになった。

早くも明朝が都を南京に定めた時、明の太祖・朱元璋（洪武帝）は南京の鐘山の南に圜丘を建て、そこで天地を祀る大典を挙行し、後に太祖は圜丘大祀殿を建てて、天地壇の中心的な建物とした。明の永楽十八年（一四二〇年）、朱元璋の子・朱棣（永楽帝）は北京に遷都し、南京の天地壇の規模・形態にならって北京に天地壇を建て、あわせて大祀殿を建てた。その後嘉靖《かせい》帝が「四郊分祀」を進めた。すなわち天・地・日・月を分けて祀ることにし、大祀殿の南に圜丘を建てて天を祀るよう詔書を発した。嘉靖九年（一五三〇年）、「南郊の東壇を名付けて天壇とする」との勅諭がでて、これによって圜丘の名を「天壇」とすることが確定したのである。

清代の圜丘郊祀図

天壇鳥瞰図

四　天壇の建築物の配置

天壇は明・清の封建帝王が皇天上帝（天帝）を祀る祭壇なので、その建築物の配置には多分に天地の調和という寓意が含まれ、昔の人の天体に対する認識、素朴な宇宙観が現れている。天壇は内壇外壇の二つからなっていて、明の永楽帝の時代、天壇が初めて建てられたときは天地壇と呼ばれ、天と地が併せて祀られ、二重の壇壁は北が円く南が方形の形に造られ、天は円で地は方形という考え方を象徴していた。こうした壇壁の形式はほかではみられず、「天地壁」と言われた。

天壇の主な祭祀用の建築物は中軸線にそって南北に配置されている。この中軸線は実際には真ん中になく、少し東側によっている。明・清時代、祭祀の大典を挙行する際には、皇帝は天壇の西側から入ることになっていたが、このように中軸線が東に偏った構造にすると、天壇に入った後、中軸線に至るまでの距離が長くなる。これは空間を広げることで、祭壇の深遠な雰囲気を演出し、参加者の中に敬虔な気持ちが自然と湧き起こるようにしたものである。

天壇の建築物は南から北に向かって次第に高くなるように造ってある。圜丘が高さ五・一七メートル、皇穹宇が十九・

二メートル、祈年殿が三十八メートルで、主な建物は南から北へと次第に高くなっている。南から北を眺めると、祈年殿が天の一番高いところにあるように見え、中軸線を歩いていくと、だんだん天の領域に入っていくような感覚を覚える。中軸線を南北に分けているのが圜丘壇と祈穀壇で、天壇の二つの主要な建物群である。この二つを繋いでいるのが長さ三百六十メートル、幅二十九メートルの丹陛橋で、この橋が「虚」にして無形の天壇の中軸線を「実」にして有形の存在にしている。このような巧妙な建築上の構想は中国の宮殿建築にお

いてきわめて稀なものである。かつ丹陛橋は南が低く北が高く、これも南から北に次第に高みに上るようなイメージを作りだしている。こうしたイメージと天壇の祭天の雰囲気は非常にマッチしており、「天」の神秘にして貴尊、広大にして無限なることを表現している。

天壇の圜丘壇と祈穀壇という二つの建物の様式と高さも独特の空間的効果を作りだしている。南の圜丘壇は明の嘉靖九年に建てられたもので、三層の台からなり、おもに毎年の冬至の日に行われる祭天の大典に使われ、台面の直径は上から下にそれぞれ五丈九尺、十丈五尺、二十二丈ある（一丈は十尺、三・三三メートル）。清の乾隆十四年（一七四九年）、乾隆帝は圜丘壇の台面が狭すぎて、幕をはったり祭器を並べたり、出入りして礼を行うのに不便なので拡げるべきだと考え、それで「九五の数」（奇数、易で帝王を意味する）によって圜丘壇の台面を拡げるように命じた。建て直された圜丘壇の台面は直径が九丈、十五丈、二十一丈になり、台面を拡げたことで台の傾斜が緩やかで広々として使い易くなり、ますます「圜丘にて天を祀るに、宜しく高敞（高く広いこと）に即き、以て対越（対天）の敬を展ぶべし」（明史・志）という空間的効果を作り出し、天人あい通ずというイメージもこうして生まれたのである。

北の祈穀壇の中心的な建物は祈年殿で、主として毎年正月の第一辛

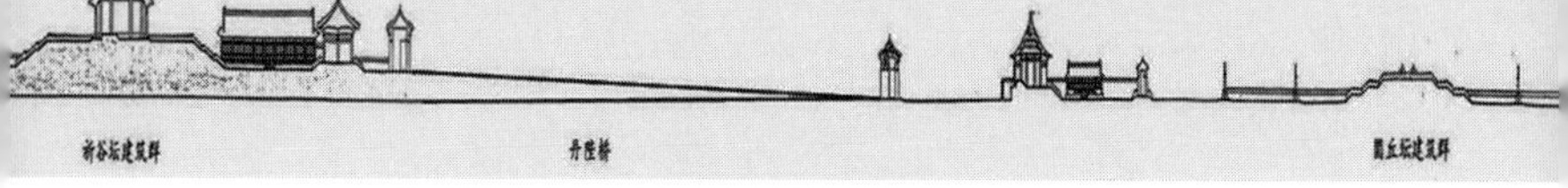

天壇中軸線の断面図

圜丘俯瞰図

の日に祈穀の大典を行うときに使われる。その高さは三十八メートル、三層の台基、三重の檐をもった円形の殿宇である。三層の台基は殿宇全体をより高く見せており、高く聳えるような建物とゆったりした基礎部分との間に有機的な繋がりを作り安定感をだしている。祈年殿全体としては円のイメージを見せており、円形の台基に円形の殿と、すべてに調和の美を表現している。有形の建築物が無形の天体の間に浮き立ち、建物と天が融合して「天人合一」、天と一体化した境域を作りだしていて、その空間的効果はきわめて壮観である。

天壇は郊壇祭祀の建物であって、「郊」の雰囲気を作り出すことが非常に重要である。天壇は面積が二百七十三ヘクタール、そのうちで祭祀の建築物が占めるのは十分の一にすぎず、『日下旧聞考』に「壇の後に植えるに松柏をもってす」と記載があるように、天壇には古い柏が三千五百余株残っていて、特に圜丘壇と祈穀壇の両側には大面積の常緑樹があってその他の付属的な建物はその中に隠れて見えないほどである。広い範囲の緑色の空間が圜丘と祈年殿の周りを取り囲んで、郊壇祭祀に「丘」と潔の効果を生み出し、自然と人間とが調和し共存する郊外の野原というイメージを作りだしている。

天壇の古柏

第二章

五穀豊穣の祈穀壇

祈穀壇は天壇の建物の中で歴史がもっとも古い建築群で、天壇の東北部、南北中軸線の北端にあって、天壇の主要な古建築の一つである。祈穀壇は明の永楽年間に建てられ、以来、明・清時代にたびたび改築、拡大され、今日の建築スタイルができあがった。

祈穀壇は四角い磚《せん》（煉瓦）で囲まれ、東・南・西の三方にはそれぞれ三扇拱券（三面のアーチ）式の磚門があり、緑色の琉璃筒瓦（半円筒の瑠璃瓦）で葺《ふ》かれている。東磚門は長廊に通じ、南磚門は丹陛橋に繋がっていて、西磚門を出れば俗に言われる祈年殿の西の坂で、西に行くと天壇百花園・月季園・百花亭・万寿亭・扇面亭に至る。毎年春には西の坂のところでは、天壇で有名な「二月《オオアラ》藍《セイトウ》」などの野生の地被植物を鑑賞できる。北には瑠璃門が三つあり、青い色の琉璃筒瓦で葺かれていて門内は皇乾殿となっている。

祈年門雪景

一　祈年殿の変遷

祈年殿は天壇の中でもっとも人を引きつける殿宇であり、その三層の純白の円形の基壇、三重の青い瑠璃の屋根、金色に輝く頂の宝珠、各層がだんだん小さくなっていって天をつくような姿、静中に強い動があり、時々刻々人を誘い込む風趣を発散している。荘重、典雅な雰囲気の中で、殿宇全体から一種の調和の美が溢れ出ている。

祈年殿は文字からみれば、その年の収穫を祈る殿宇であり、清代には確かに皇帝が天に五穀豊穣を祈る大殿だったのだが、建てられた当初の明朝においては、その形式・構造も用途も、清代とは大きくかけ離れたものだった。

祈年殿の最初の歴史は明朝を興した皇帝——赫々《かく》たる名声をもつ庶民出身の帝王・朱元璋の時まで遡《さかのぼ》る。封建社会においては、天地や神霊など実在しない世界に属する現象に対して、人々は

祈年殿

無限の崇敬の念を抱いた。朱元璋は、一介の平民から最後は高貴な天子にまで登りつめたわけで、彼はこのような身分の大きな飛躍は天の意志の然らしむるところだと堅く信じていて、彼の天に対する崇敬の念はこの上ないものだった。朱元璋は即位以前から郊壇を建てて上天に対する感謝の気持ちを表していて、南京に正式に都を定めた後は大いに土木工事を行い、南京城外の鐘山の南に圜丘を建て、鐘山の北には方形の丘を造り、文武の大臣を引き連れて、自ら冬の祭天、夏の祭地の儀式を執り行い、毎年止むことなく続けられた。

天地の祭祀は封建国家の重要な国事であり、国家はこのために多大なる精力・財力を投入しなければならないが、それでも朱元璋は祭祀に対して強い情熱をもち、ずっと継続して止むことがなかった。洪武十年（一三七七年）の秋、都に続けて自然災害が発生し、朱元璋が斎戒している間もずっと長雨が続き、こうした異常現象は彼を非常に困惑させた。彼は心から我が身を振り返り一つの結論をだした。様々な不吉な前兆が現れるのは天地を分けて祀った結果であり、天地は父母と同じように分けて祀ってはいけないと彼は考えたのである。それで朱元璋はすぐさま、天地分祀を合祀に改め、これを永久の制とすると決定した。続けてその年の八月、朱元璋はまた命令をだして、南郊の圜丘の旧址を改造してその上に屋根を設けて天地合祀の場所とし、あらたに大祀殿と名付けた。

しかしながら朱元璋が死去すると、思いもかけないことに明王朝には内紛が起き、重大な打撃を受けることになった。朱元璋の四男で燕王の朱棣《てい》（永楽帝）が靖難之役を引き起こし、甥の朱允炆《いんぶん》（建文帝）の皇位を奪っただけでなく、その行方も分からなくしてしまった。朱允炆の行方は今になっても歴史の謎とされている。皇帝の座についた朱棣は自分で築いた不易の地位を堅固なものにするため、さらなる大規模な行動を起こした。それは北京への遷都である。当時の北京城は非常に堅固な地理的位置にあって、しかも朱棣の領地なので、彼は自然に特別な感情をもっており、遷都は避けられない情勢となった。

明の永楽十八年（一四二〇年）、朱棣が造った都城・北京の工事は完了した。と同時に北京の南郊に忽然として祭壇が建ち、天地壇と名付けられ、皇帝が天地を合祀するのに用いられた。天地壇は南京の旧制に則って建てられ、「規制は悉く南京の如く、而も高敞《しょう》（高く広いこと）壮麗なる

舊郊壇總圖

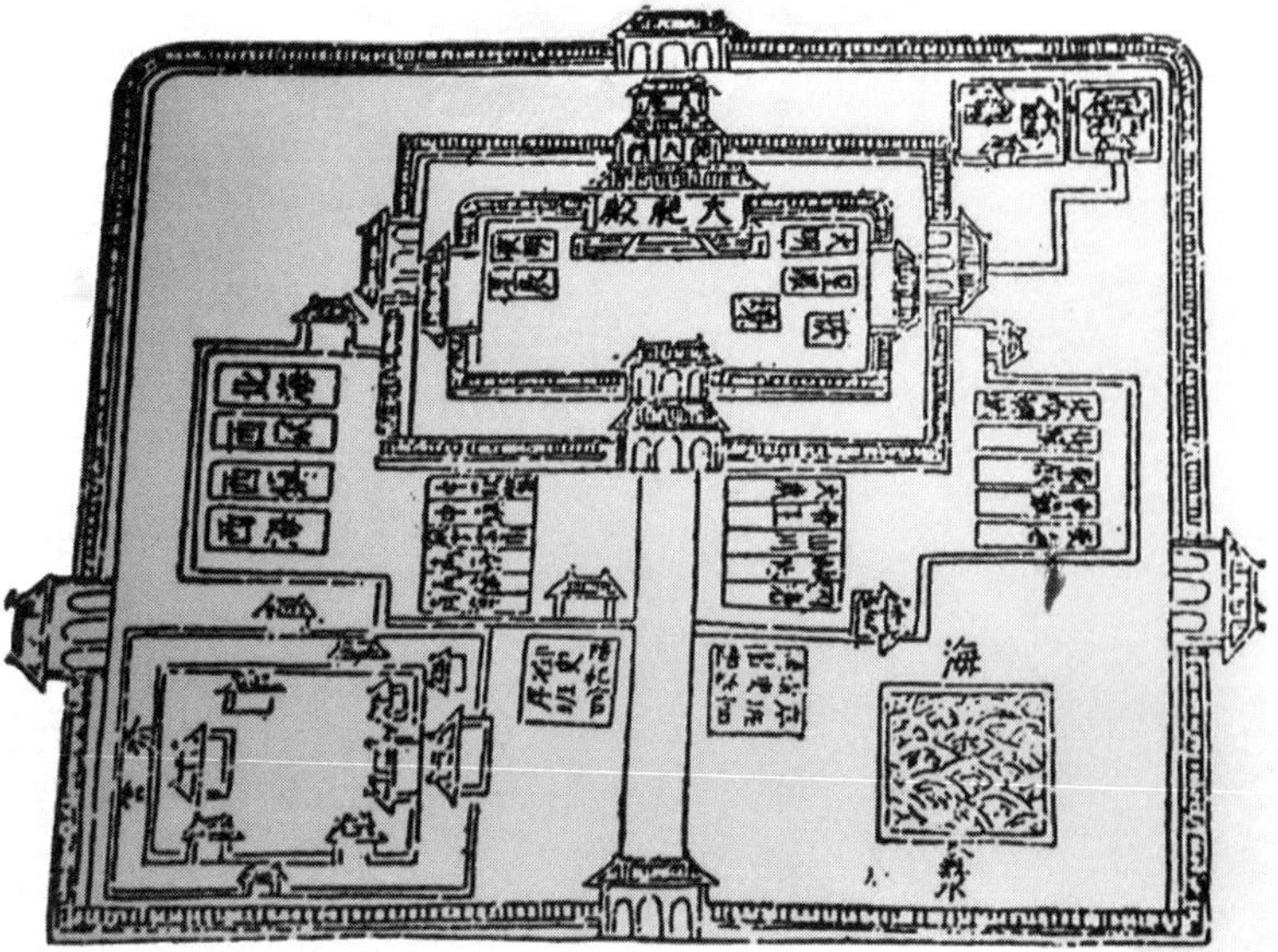

旧郊壇の全体図

こと之に過ぐ」（明太宗実録）という。天地壇の中心的な建物は「大祀殿」で、これはつまり祈年殿の前身である。しかし、明初の大祀殿は今の祈年殿とは形や構造がまるで違っていて、二層の檐《のき》で、四面が傾斜した寄棟造りの建物であった。

永楽帝は父・朱元璋の「人君の天地に事《つか》えるは猶《な》お父母のごとし、処を異にするは宜しからず」という郊祀思想を遵守して、大祀殿で天地を合祀して祭礼を行った。永楽十九年（一四二一年）春正月甲子《きのえね》に永楽帝が大祀殿で初めて天地合祀の大典を挙行してから、明の嘉靖九年（一五三〇年）正月、明の世宗・朱厚熜《そう》（嘉靖帝）が最後の天地合祀の大典を行うまでの百余年の間、計九人の皇帝が大祀殿で天地合祀を百二回挙行した。

大祀殿は、百回余りにわたる煩瑣な祭祀活動が行われた後、明の嘉靖年間になって根本的な変化が生じ、その役割もそれに従って改変を受けることになった。嘉靖帝は明の武宗・朱厚照（正徳帝）の従兄弟で、武宗が崩じた後、跡継がいなかったために継承者に指名された。下位の国の王の身分で皇帝の位を継いだ朱厚熜は何か新しいことをやらねばならなかった。そこで嘉靖九年、朱厚熜は太祖の南京時代の旧制を復活させ、天地を分祀することを決定したのである。それで新たに大祀殿の南に祭壇を建てて天を祀り、大祀殿は用いられなくなった。新しい祭壇はその年の十一月に完成したが、これが圜丘壇である。

大殿を荒廃にまかせるのは実にもったいない。そこで何年もしないうちに、皇帝の気持ちを忖度するのがうまい大臣たちの建議により、嘉靖帝は大祀殿を建て直して明堂とし、自分の実父を祖として天に配して祀り、明堂で大享の礼（先祖を祀る儀式）を行うことを決定した。これが朝廷内に大波を引き起こし、朝臣たちの中に激しい論争があったが、結局大祀殿を明

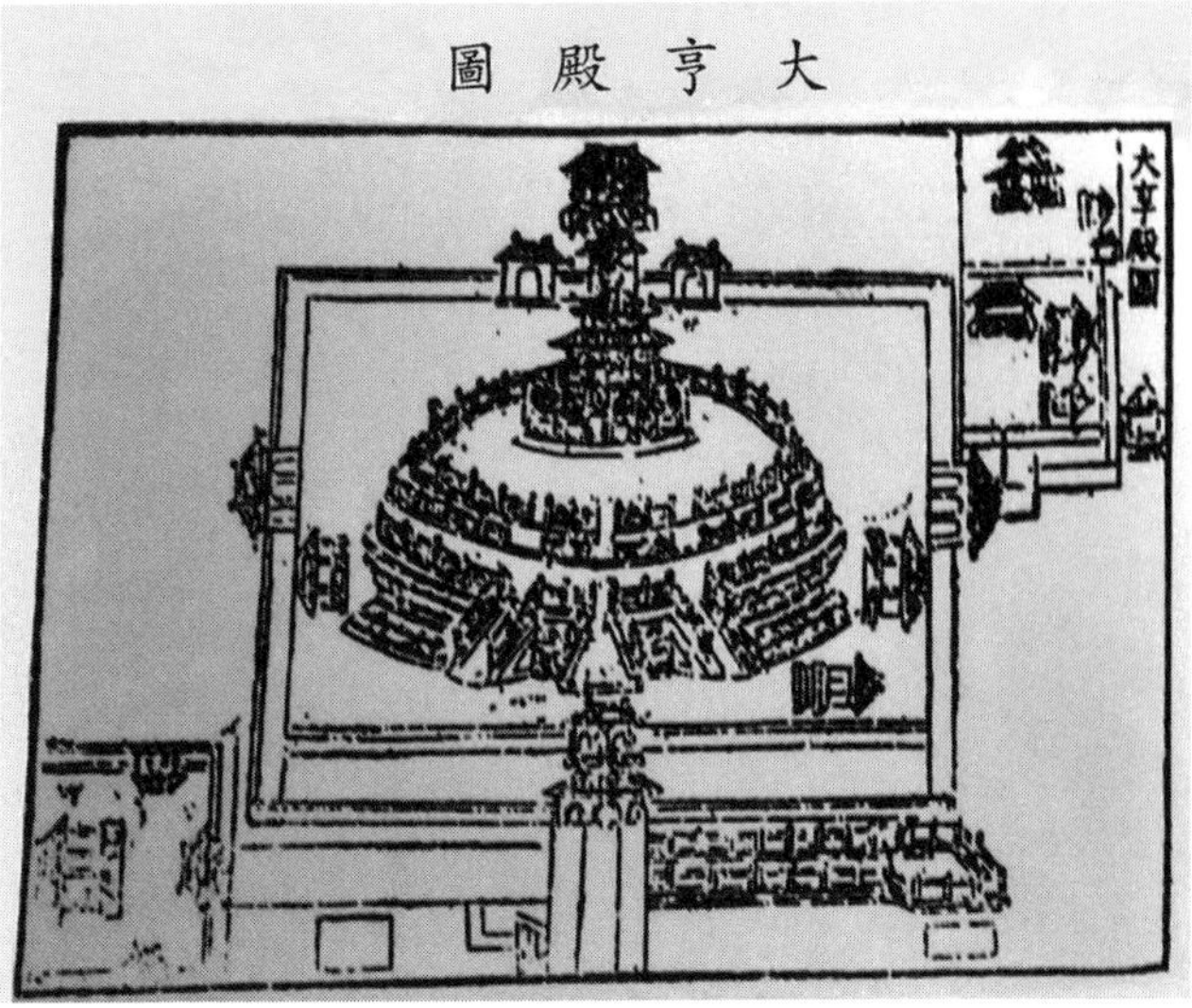

大享殿の概念図

堂に建て替える一派が勝ちをおさめた。それで嘉靖帝は大祀殿を取り壊す命令を出し、しばらくして新しい殿宇が出現した。嘉靖二十四年（一五四五年）、新殿ができあがると皇帝は「大享殿」と名前をつけ、自ら揮毫して扁額を書いた。こうして大享殿ができたものの、意外にも皇帝はここで一度も明堂の大享の礼を執り行わず、結局大享殿は遊ばせておくだけの殿宇となり、こうした状況はそのまま朝代が変わった清朝まで続いた。

清朝は政権を取った後も明の旧制を踏襲し、礼法を守り、関から入った（北から長城を越えて北京に入り政権をとった）その年のうちに、順治帝は自ら北京南郊に出向き、天地を祀り、自ら皇帝になったことを報告した。清朝の諸皇帝は敬虔さにおいて明の皇帝に勝っていた。乾隆帝はその最たるものであった。史料によれば「（乾隆帝・高宗は）毎年、南郊の大典を恭しく執り行い、必ず自ら行ったが、これは昔の帝王になかったことである」という。乾隆期は国庫も充実し政治も安定していて、乾隆帝は祭祀を非常に重視し、天壇の歴史にまた一つの大変革を行った。天壇の建築群はこの時期に大規模な拡張・改築を受け、基本的に今日の形態が確定したのである。

乾隆十六年、大享殿の名前は、孟春（正月）の祈穀（五穀豊穣を祈ること）というその役割に合わないことから、乾隆帝は祈穀壇に前からあった額の「大享殿」を「祈年殿」に変えるよう命じた。「祈年」とは、よい収穫が得られることを祈る、つまり五穀豊穣を祈ることなのであり、「大享門」も「祈年門」に変えてしまった。祈年殿の改築にあたって瑠璃瓦の色を以前の「青、黄、緑」三色から「純青」にした。これは祈年殿の機能を、明朝の天神地祇の合祀から、清朝の単純に上帝への祈穀に改めたことを示すものである。その他、祈年殿の二つの脇殿の緑瓦も青に改められた。

祈年殿は幾たびにもわたる改築の後、その構造といわず、形や色まで最初とは明らかに違うものとなった。清の光緒年間に突然に襲って来た災難のために祈年殿は壊滅的な打撃を受けたのである。光緒十五年（一八八九年）、祈年殿は落雷に見舞われ、たちまちにして灰燼に帰してしまった。『庸盦《ようあん》筆記』は次のように記録している。

光緒十五年八月二十四日、寅《とら》の刻、雷電交作し……霹靂《へきれき》一声、祈年殿の前に懸かりし所の額を直撃、陛上に砕け堕ち、雷火は額を懸けし楣《よこ》ぎ木に燃着す。未《ひつじ》の刻、殿内に火起り、烟焰は隔《し》きり扇の窗棂《まどこうし》より冒出し、梁柱に燃着し、其先熊熊《ぼうぼう》として赤红瓦の天の如し。壇を守る官弁《やくにん》は銅鑼を鳴らして報警し、歩軍《ほへい》の統領は令箭《めいれい》を発して官兵及び五城《ぺきん》の坊官《まちやくにん》・水会《しょうぼう》を伝集して奔救すれども、殿宇は高きに過ぎ、水撃は到《とどか》ず。雨の勢は盆を傾けると雖《いえど》も、又た琉璃亭の頂《やね》の隔《へだ》てる所となる。……戌《いぬ》刻、祈年殿八十一楹《はしら》及び檀木にて雕成したる朱扉・黄座《ぎょくざ》は悉く灰燼となり、数十里内の光は白昼に同じく、香气勃発す。……夜半を過ぎ、火勢漸く衰え、天明に至って乃ち熄む。丹陛上の漢白玉《だいりせき》の欄杆は悉く皆な炸裂す。

大火はまるまる一昼夜続き、祈年殿の瓦も木もなくなって、ただ厚くたまった灰だけが残った。朝廷は今回の祈年殿の火災事故を非常に重視し、光緒帝からはすべての関係人員に厳重な処断を下すと詔勅があったが、これは意味のないことで、祈年殿はもう焼けてしまった以上、重要なことはどうやって再建し、祈年殿を元どおりにするかであった。

光緒十六年（一八九〇年）、光緒帝は祈年殿の再建の命を下した。ところが制度を記録した書籍の中に祈年殿の詳細な図面が記載されておらず、再建に少なからぬ困難が生じた。その後あちこち尋ねて、以前祈年殿の修繕に携わった一人の大工を見つけ出して、やっと大体のことが分かり、彼の話や絵をもとに図面を作った。そうして再建された祈年殿は前のものと大体同じだが、見た目はちょっと粗雑で小さいものだった。『天咫《し》偶聞』には次のようにある。

祈年殿の災、一昼一夜にして始めて息《や》む。群臣に詔《みことのり》して修省させしむ。是に于《おい》て重

祈年殿の古い写真（一九五三年）

建を議す。而るに会典に図無く、且つ其の崇卑《たかひく》の制を載せず、工部斟《かんが》え估《はか》るに凭《よりどころ》無し。之を明の会典に捜すも亦た得ず。乃ち工師を集めて之を詢《と》うに、曾て小修の役に与《あずか》りて、其の約略を知る者あり。其の言・絵図を以って進呈し、制始めて定まる。丙申《ひのえさる》に至りて乃ち工畢《お》わる。

祈年殿の再建は、光緒十七年（一八九一年）から起工し、光緒二十二年（一八九六年）になって竣工、六年の時間を費やした。現在見ることができる祈年殿はこの清の光緒年間に再建されたものである。

　祈年殿は主として三層の大理石の円形基座と、その上の中央に屹立する三層檐《のき》の円形の大殿からなっている。全体の建物はこの六つの円形の弧線が下から上にすぼまり、天空を直接に突くような形になっている。大殿の後ろにはなんの遮るものもなく、またなんの飾るものもなく、ただ広々と果てしない天空が背景となり、青い空、白い雲に浮き立った祈年殿がより純潔神聖にみえ、まるで伝説上の天宮の聖殿のようで、人々はその美しさを堪能するとともに、ふと仙境でのびやかに遊ぶ感覚を覚えたかもしれない。

　祈年殿の三層の大理石の台面には、同じく大理石の柵がめぐらされ、柵には望柱（柵と柵の間の柱）があり、台面にはそれぞれ「出水」（排水設備）がある。出水と望柱にはそれぞれ異なる図柄の彫刻が施されている。下層では望柱に叢雲、出水に雲紋。中層では望柱に鳳凰、出水に鳳凰の首。上層では望柱に盤龍《うずまき》、出水に螭《みずち》の首。これらの装飾は明確な封建時代の階級制を反映している。

　祈年殿の三層の台の東、南、西、北、四つの方向に出陛すなわち階段があって、青灰色の大理石が敷かれている。そのうち南と北にはそれぞれ三つの階段口があり、東、西方向には一つの階段口があり、全体で八つの階段口がある。各層の台面には九段の

祈年殿の鳳・龍・雲形の出水

祈年殿の鳳紋・龍紋・雲紋の望柱

階段があって、三層全体で二十七段の階段となっている。真南、真北の階段の間には、三幅の異なる図柄を彫った大理石がはめられている。下層は山海雲の紋、中層は鳳凰の紋、上層は龍の紋だが、龍は天子で当然一番上、これも封建時代の階級制の証である。これらの石の彫刻はきめ細かく美しく、昔の石刻芸術の珍品というに値するものである。

祈年殿の他の階段に比べて、真南の階段はより急でより垂直に近くなっているが、これは当時の祭壇設計者たちに意図するところがあって、皇帝が一歩一歩、歩いて「天庭」に登るときの容易ならざることを特にきわだたせたものと思われる。このようにしてこそ統治者が上天に祈りを捧げるときの誠意をよりよく伝えることができるともいえる。祈年殿が再建されてからすでに百余年の歳月が過ぎても、こうした長い石の階段が今なお完全な形で残っているわけで、人々はこの重厚な大理石の階段に足を踏み入れると、歴史の転変、時間の流れといったものを感じることだろう。

祈年殿に登ったときにまったく新しい感覚が湧き起こってくるが、それはとりもなおさず、歴史の中で皇帝が自ら祭祀を行い、大殿にあい対したときに心の中に生まれた感動と同じものである。

高く聳え立つ祈年殿は端正で高貴な雰囲気に溢れ、上部の三層の青い瑠璃の檐《のき》、燦爛と輝く金色の宝珠、軒下には

祈年殿の扁額

南向きに九龍の飾り枠の金の扁額が懸けられ、扁額には青地に金色で「祈年殿」と書かれている。

祈年殿の中の構成・配置は独特で、殿内には奇妙な数の違いを見せる大柱、上部は精美な龍と鳳凰の彫刻の装飾天井、それに不思議な伝説のある龍鳳石などがあり、すべて人を無限の想念に誘い込む玄妙な場所である。

祈年殿は南向きに三間*の門があり、中に入るとにわかに壮麗な極彩色が目に入り、まるで天上の宮殿にいるような気持ちになる。

祈年殿内の大柱は内、中、外の三層に分けられている。そのうちの四本の大柱は龍井柱と呼ばれ、柱身には海水江涯紋に時計草の紋様が金であしらわれており、これは春、夏、秋、冬の四季を象徴している。中層の十二本の大柱は金柱と呼ばれ一年十二ヶ月を象徴している。外層の十二本の大柱は檐《のき》柱で、一日十二の刻《こく》（十二支で表す）を象徴している。これら十二の大柱の半分は殿外に露出しており、柱と柱の間は青い瑠璃の格子の欄干、その上は三片稜花の格子窓で、紅漆を塗り龍紋が画かれている。中と外の二層の計二十四本の柱は二十四節気を象徴し、四本の大柱を加えた計二十八本の柱は天体の二十八星宿《せいしゅく》（星座）を象徴している。古代中国では人々は占いを深く信じ、しばしば占いによってこの世の禍福を予測した。恒星を観測して二十八のグループに分けたものを二十八星宿といったが、これらの恒星の出入りと位置から季節の変化を判断し、農業生産に活用した。二十八本の大柱に、てっぺんの小柱を加えた三十六本は三十六の北斗星を象徴している（これは長廊の七十二の地煞《ちさつ》星（凶相の星）にあい対したものである）。

＊中国の「間」は、長さではなく、柱と柱との間を数える建築上の単位である。

祈年殿の内部

甲骨文字の「年」の字は、稔った稲束を頭の上に挙げている人の形によく似ているが、これは収穫を寓意したものである。祈年殿の命名とその空間の数のバリエーションは、昔の人の「重農」思想を体現したものなのである。

祈年殿の中は龍や鳳凰の和じ璽彩画（極彩色の紋様）で飾られ、金の龍が舞い、色鮮やかな鳳凰が飛び、典雅にして荘重、華麗にして豪壮である。大殿の地面は青灰色の大理石が敷かれ、真ん中は円形の大理石で、石の上には黒い模様があるが、これは自然にできた龍と鳳凰の絵模様である。龍紋は深い色で角、髭、爪、尾がすべてそろっており、鳳凰紋は色が浅く、羽、頭、尾が微かに見え真に迫り、人呼んで「龍鳳石」という（二〇七頁参照）。殿内は龍鳳石の周りを大理石で敷きつめ、扇状に九重になっている。

龍鳳石と呼応しているのが祈年殿上部中央

龍と鳳凰の装飾天井

にある鮮やかな龍と鳳凰の装飾天井。この天井は祈年殿の平面の形にそい、上中下三層はみな円形、各層が次第に小さくなってドーム型になり、斗栱《ときょう》はドームの内壁を支え、中央に金色の龍と鳳凰の装飾。高々とつきでた龍の頭と鳳凰の首、生き生きとした龍の体と鳳凰の羽は、天の崇高偉大なることを際立たせ、きわめて強い装飾効果を見せている。

二　花甲門と古希門

俗に「六十は花の還暦（甲子《きのえね》）、七十は古来稀《まれ》なり」という。還暦も古希も、年齢を指していう民間の呼び名で、天壇にもこの名前をつけた花甲門と古希門という門がある。花甲門は丹陛橋の北端の西にあり、古希門は皇乾殿の西壁にある。これらはすべて入母屋式の屋根で瑠璃で装飾されている。この二つの門は形、造りはもちろん、名称からいっても、天壇内のその他の門の風格や凝りようにかなわないが、皇帝の命で建てられたのである。そこにはどんなエピソードがあったのだろうか？

清朝においては皇帝の祭天の儀式はかなり重々しく煩瑣なものであった。天壇で祈穀の大典を行う前日、皇帝は紫禁城を出て儀仗による大行列とともに玉輦《れん》（専用の輿）に乗って祈穀壇の門（今の天壇西門）を入り、西天門から林の中の大道を通り丹陛橋の西側に至って輦を降りる。その後歩いて祈穀壇の南磚門に至り、祈年門（祈年殿南門）を経て皇乾殿に着いて焼香の礼を行い、牲《いけにえ》や祭壇・礼器を確認するなど、すべての儀礼をすませる。その後、皇帝は祈年殿の南磚門を出て、天壇の斎宮に宿して、祭祀の時がくるのを静かに待つ。

祭祀の当日は、皇帝は斎宮を出た後、輿に乗って丹陛橋の南端の西に至り、その後歩いて祭壇に行って儀式を行う。この全体の過程には大変な精力と体力が必要で、もし皇帝が青年壮年であれば差し支えはないが、もし高齢であれば相当疲れることになる。

周知のように乾隆帝は歴代の帝王の中で在位期間がもっとも長く、もっとも長寿で、享年八十九歳、在位六十年。したがって自ら天壇にいって祭祀を行った回数ももっとも多かった。年齢を重ねるとともに、煩瑣な祭祀の儀式に疲労を覚えた。乾隆三十七年（一七七二年）、彼はすでに六十二歳、還暦になって祭祀の儀礼に体力が続かないと思うようになった。その時、大臣の中に祭祀儀礼の規程をさらに煩雑なものに改めるよう求めるものがいた。乾隆帝は大臣たちに、輦を降りる地点や歩行の遠近など、全体からみて関係がない儀礼について斟酌して決定するよう命じた。大臣たちは論議して、結局、祈穀壇の南磚門の外に新たに門を造り、皇帝は祭祀の時に丹陛橋から歩かずに、直接この門から入り、祈穀壇の南磚門を通って壇内に入って儀式を行えるようにした。それでこの門は「花甲門」と呼ばれた。この時から乾隆帝は祭祀を行うとき、歩く苦労が減ったのである。

しかし、古希の年になって続けてまた同じような問題が起きた。乾隆四十六年（一七八一年）、七十一歳の高齢になった乾隆帝はまた詔を発し、輦を降りる新たな場所を探すように命じた。それである者が皇乾殿の西壁に小門を造って、御輿をそこに止めれば徒歩の苦労が大幅に少なくなると建議した。この建議はすぐに乾隆帝の裁可を得た。まもなく勅諭があり、皇乾殿の西壁に新たに小門を設け、祈穀の焼香に使うようにした。乾隆帝はその事を自らの詩文に、「西門に輦を降りて歩趨を省き、垣中を歩むに人の扶けを藉《か》りず。古希の天子、天佑を蒙り、

花甲門

古希門

我が児孫の此を視るを顧みんか」と書いている。この門は「古希門」と呼ばれた。この二つの門を造ると同時に乾隆帝は子孫に告諭して、「もしいまだ六旬（六十）に満たざれば、この門を路経するを得ず」とし、古希門はさらに「寿《とし》の古希を登るものあれば、方《まさ》に此門を出入りす可し」とした。

古希門は、造られた後、乾隆四十七年（一七八二年）から乾隆六十年（一七九五年）までの十四年間に合計十三回使われた。乾隆帝が退位した後は、この門は閉鎖された。乾隆帝の後は彼ほど長寿の皇帝はいなかったので、彼以外は、嘉慶帝ただ一人が花甲門を通り、古希門に至ってはこの門を通るという幸運に恵まれた皇帝はいなかった。これは乾隆帝がこの門を建てたときには、多分誰も想像しなかったことである。

三　次第に高くなる丹陛橋

丹陛橋は名前は橋だが、実際は煉瓦を敷きつめた一本の道で「海墁《まん》大道」（煉瓦を広く敷きつめた道）とも呼ばれている。成貞門から北に延びて祈穀壇の南磚門に至る、長さ三百六十メートル、幅二十九メートルの大きな道である。

人々は丹陛橋の南端から北に行くと、だんだん高く登っていく感覚を覚えるかもしれない。実際、丹陛橋の北端は南端より高い。これは当初建築した際に巧妙に設計し、「だんだん天に昇る」という独特の雰囲気をだしたもので、「天」に行き着くところは五穀豊穣を祈る殿宇。世間の凡夫・俗人、ひいては「天子」までも、もし天と交わり、天に祈るために「天の庭」

に行きたいなら、みな必ず通らなければならない特殊な「道程」なのである。丹陛橋はこのような指導理念のもとに造られたものである。丹陛橋は設計時に意図的に北端が南端より数メートル高く造られ、人が歩いていく間にだんだん高い所に登るような感覚をもつようになっている。

丹陛橋は平らで広いが、橋面の設計には明確な等級観念が含まれていて、歩く道は厳格かつ明確に区別されている。

橋面は幅も色も異なる三本の道からなっている。真ん中の道は白い石が敷かれ、中央がやや盛り上がった弧形で、東西両側の道よりやや高くやや広く、この明らかに高い道は神道と言われ、祭典を挙行するとき神の御輿のみが通ることのできる道である。東側は御道で皇帝の通る道、西側は王道で、これは王侯大臣が通る道である。

祈穀の大典を執り行うとき、帝王という尊い身である皇帝は御輿に乗り、王侯大臣を従えて丹陛橋を歩き、北端の祈穀壇の南磚門から入って天への祈りを始め

丹陛橋

る。

丹陛橋はもと海墁大道と言われていたが、後で「丹陛橋」となった。「丹陛」にはどんな特殊な意味が隠されているか?

現在の丹陛橋の中ほど東西両側にコンクリートの階段があるが、最初は西側にだけあり、東側の階段は後から加えたものである。昔は皇帝が天を祀るとき、天壇の西天門から入り西側の石段を通って丹陛橋に上がったが、この石段は丹陛橋の一本の腕のようにみえた。それで「単臂《ダンビー》」(片腕)と言ったのを、後の人は同音の「丹陛《ダンビー》」(赤い階段)にした。

丹陛橋は明らかに一本の道なのにどうして「橋」というようになったのか? それは丹陛橋の下を横切っているトンネルにちなんだものである。これは天を祀るときに使う犠牲の動物を宰牲亭に送り込んで屠殺するために造られた専用通路だった。犠牲の動物はこの門を通ったら二度と生還する可能性がないので、人々は「鬼門関」(鬼は死者の霊魂)といった。この上下に交差する通路は、現代社会の立体交差橋に似ているので、丹陛橋のことを中国で最初の立体交差橋という人もいる。

鬼門関

四　曲尺七十二間の長廊

長廊は天壇の中で観光客が比較的多い場所で、祈年殿の東にある。ここでは毎日、京劇の歌や音楽が絶えず聞こえていて、二胡を弾いたり歌を唱ったりは日常風景で、古い北京の市井の姿がこの限られた空間・時間の中で見られる。北神厨、北宰牲亭は祈穀壇の付属施設で、それぞれ長廊の曲がり角と終端にある。柏抱槐（一九二頁参照）、蓮花柏は長廊観光区にある二本の変わった形の古樹で、特に槐柏合抱は十分に自然の造化の妙を見せている。七星石（七つの大きな石）は長廊の東南の草地にあり、数個の独特の形をした奇岩は不思議な伝説をも

長廊

っている。

長廊は曲尺《かねじゃく》形をしていて長さが二百七十三メートル、屋根が繋がり、祈穀壇の東磚門と北神厨、北宰牲亭を繋いで一体となっている。初めて建てられたのは明の永楽十八年（一四二〇年）で、祈穀壇と同じ時期に属する建物である。長廊は南京の天地壇の制度を模して建てられ、最初は七十五間だったが、清の乾隆十七年（一七五二年）の改築の後七十二間となった。もとは明かり窓に格子の欄干があり、家屋と同じように北壁南窓だったので、七十二連坊とも言われる。

長廊は神厨と宰牲亭を繋いだ建物になっているが、その目的は屠殺した牲《いけにえ》を宰牲亭から神厨または祭壇に届ける途中で雨・雪・風・砂に汚されないようにするためのものである。というのは祭天の大典であれ、祈穀の大典であれ、すべて冬の寒い時期に行われる。その上、中国古代の礼儀の規程に、屠殺の時の血の臭いが祭壇の神聖・清潔を汚さないよう、犠牲の動物を殺す場所は祭壇から二百歩以上離れること、とあるからである。長廊は祭壇に祭祀の品物を送るための専用の廊下だから、「供菜廊」とも呼ばれたのである。

昔、祭祀の大典を挙行するとき、空はまだ暗く、用意した祭祀用の牲は神厨から長廊を通って祭壇に送らないといけない。この時、蝋燭の火が揺れ、物の影も揺れ、明暗する長廊の内を、祭祀の品を届ける人々が慌ただしく行ったり来たりする上に、ほのかに暗い光景を考えると、寒くなくても震えがくる。このことから長廊七十二連坊は、「七十二凶」とも言われたのであった。

第二章

天候順調を願う圜丘壇

圜《えん》丘壇は天壇の南、天壇南門——昭享門の近くで、天壇の中軸線の最南端にある。そのため南門から入ると最初の観光区である。明・清時代、圜丘壇はおもに皇帝が天を祀る式典の時に一連の役割を負っていた。

圜丘壇内の建物は早いものは明の嘉靖九年（一五三〇年）に建てられ、清の乾隆年間に改築されているが、その後はずっと皇帝が天を祀り、雨乞いをする場所だった。

圜丘壇の中の建物はそれぞれ特色があるが、圜丘はほとんど完全な造形と純粋な味わいをもっており、皇穹《きゅう》宇は神秘的な音響現象を見せ、完璧に配置された神厨・神庫などの祭天の付属建築物は明・清の祭祀制度の成熟を証明するものとなっている。圜丘壇の周囲は鬱蒼と茂る緑の柏（コノテカシワ）が生き生きとしていて、それが数百年の転変を経たものとはとても思えない。

圜丘

一　天と対話できる天心石

圜丘壇は祭天台、拝天台、圜丘台とも呼ばれ、天壇でもっとも風格があり、建築的にもっとも成功した建物の一つである。

昔、人は天を陽、地を陰と考え、圜丘の場所を選ぶとき、昔の「陽中の陽」の観念に従って都の東南の方向を選んだ。

圜丘の欄板、望柱

明の嘉靖九年に圜丘の建築が終わった後、その造形の完璧であることを嘉靖帝が深く称賛し、その年の冬至の日に皇帝は圜丘で天を祀る大典を挙行した。翌日嘉靖帝は宮中でその成功を祝う宴をもったが、続いて圜丘の建築に携わった人々に対する恩賞と抜擢があった。

建築当初の圜丘は全体に藍色で、欄干や望柱（一三一頁参照）、壇面の煉瓦もすべて藍色の瑠璃の材料を使っていた。清の乾隆帝の時代になり、帝が壇が狭くて祭祀の担当者の出入りに不便と感じたことから乾隆十四年（一七四九年）、圜丘を拡張、改造し、壇の平面には北京近郊の房山の青灰色の大理石を使い、欄干や望柱、出水（一三二頁参照）は白大理石に変えた。現在我々が見る圜丘の形式、構造は基本的に乾隆期に建て替えられたものである。

圜丘の規模、形態が意味するところはきわめて深遠で、上層の壇面の中心には円い石の突起があって「天心石」とか「太極石」とかと呼ばれている。「太極」とは中国古代哲学上の概念で、万事万物を代表する至高、至極、絶対、唯一のものを指し、「太極は両儀を生み、両儀は四象を生み、四象は八卦を生み」、さらに万事万物はみなそこから生まれるとされ、中国古代の微妙で深遠な宇宙観を表現したものである。天は万物を生み、天心石は天の中心と考えられ、人々は自然にその石が万物を生み育てる不思議な力をもっていると考えた。

事実、天心石には特殊なところがある。それはその石のこだま現象だ。人が天心石の上に立ち、東南あるいは真南に向かってなにか言うと、直ちによく通る明瞭な音に変わるだけでなく、大きな音で共鳴し、多くの人がマイクに話しか

天心石

けているように聞こえ、しかもその声は背後から聞こえてくるのできわめて不思議で、人が自然と対話しているかのようだ。

このような現象は明の嘉靖年間に圜丘が最初に建てられたときすでにあった。祭天の大典を行うとき、祝詞を読む役人がここで皇天上帝（天帝）に捧げる祝詞を読み上げると、音声が唸るように聞こえ、天の神と交流しているかのようであった。この石はついに「億兆景従石」と名付けられた。その意味は、皇帝はここで皇天上帝に加護を祈るが、同時に「億兆」の人間も皇帝の後につき従うわけで、皇帝の意志は上天の意志で天命であり、すべての人が必ず従わなければならない、というのである。

天心石はどうしてこのような不思議なこだまのような音を発するのか？　科学的な検証によれば、天心石の位置は圜丘壇の中心点にあり、人がその上で話をすると、音は空気を伝って四方八方に広がり、音波は石の欄干と台の平面の反射によって集まり、よく響くこだまになるという。また、欄干の高さが違うので、音波が発せられると遠近の違う障害物に当たって跳ね返ってくる時間が違ってくるので、返ってくる音は何人かが話しているような効果を生むのである。もし天心石の上で話すのでなければ、音声は拡散して集中することなく、こだまは起こらない。

圜丘の設計における独創的な工夫は、天心石の周囲に敷かれた石にも現れていて、石の配列数もまことに巧妙である。天心石の周囲に敷かれた扇状の石板は九の倍数で外に拡がっており、一番内側が九個、二番目が十八個、こうして九番目が八十一個。上層の壇面の石板の数は合計四百五個（天心石は計算外）で、中、下層の石板はそれぞれ一千百三十四個、一千八百六十三個で、すべて九の倍数である。この他、壇面の周囲の欄板、望柱もすべて九の倍数で順次増えている。

「九」は中国古代において「陽」の数の最大のものと考えられており、天は至高無上、よって「九」はまた天の数とされた。圜丘は天を祀るための専用のもの、その部材は全部天の数を採用して九重の天を象徴しており、これはまさに昔の人の心をこめた設計と巧妙な仕事ぶりを表したものといえよう。

二　九丈九尺の望灯杆

圜丘の西南の角に屹立している一本の高い大きな柱があり、人の目を引きつける。見たところ普通の木の柱だが、歴史上かつて重要な役割を果たしていた。その柱はまた別のイメージの名前があって「望灯杆」と呼ばれている。

望灯杆は明の世宗の嘉靖九年（一五三〇年）

圜丘の壇面

に建てられた。最初は一本しかなかったが、明の崇禎年間に三本に増やされた。一九一四年に袁世凱（民国初に皇帝になろうとした軍人政治家）が天を祀ったとき圜丘を修理したが、破損が大きい二本は壊して真ん中の一本のみ残した。現在見られるのは望灯台二つと望灯杆一本のみである。

望灯杆は一体何のために建てられたのか？昔、祭祀の時間は日の出前の七刻、すなわち朝の四時十五分だった。冬至は夜がもっとも長く、日の出前の七刻はまだ空は暗く、あの大きい圜丘壇の照明はもっとも重要な問題で、望灯杆の設置はこの問題のうまい解決方法だった。木の柱に巨大な灯籠、望灯を掲げるのは祭壇を明々と照らすだけでなく、祭天の神秘的気分を際立たせる役目も果たした。

昔、望灯杆は大糸黄と言われる松の木で造られ、柱は藍色の漆で塗られ、表面は赤い炎と金の龍が画かれ、頂上部は金銅が取り付けてあっ

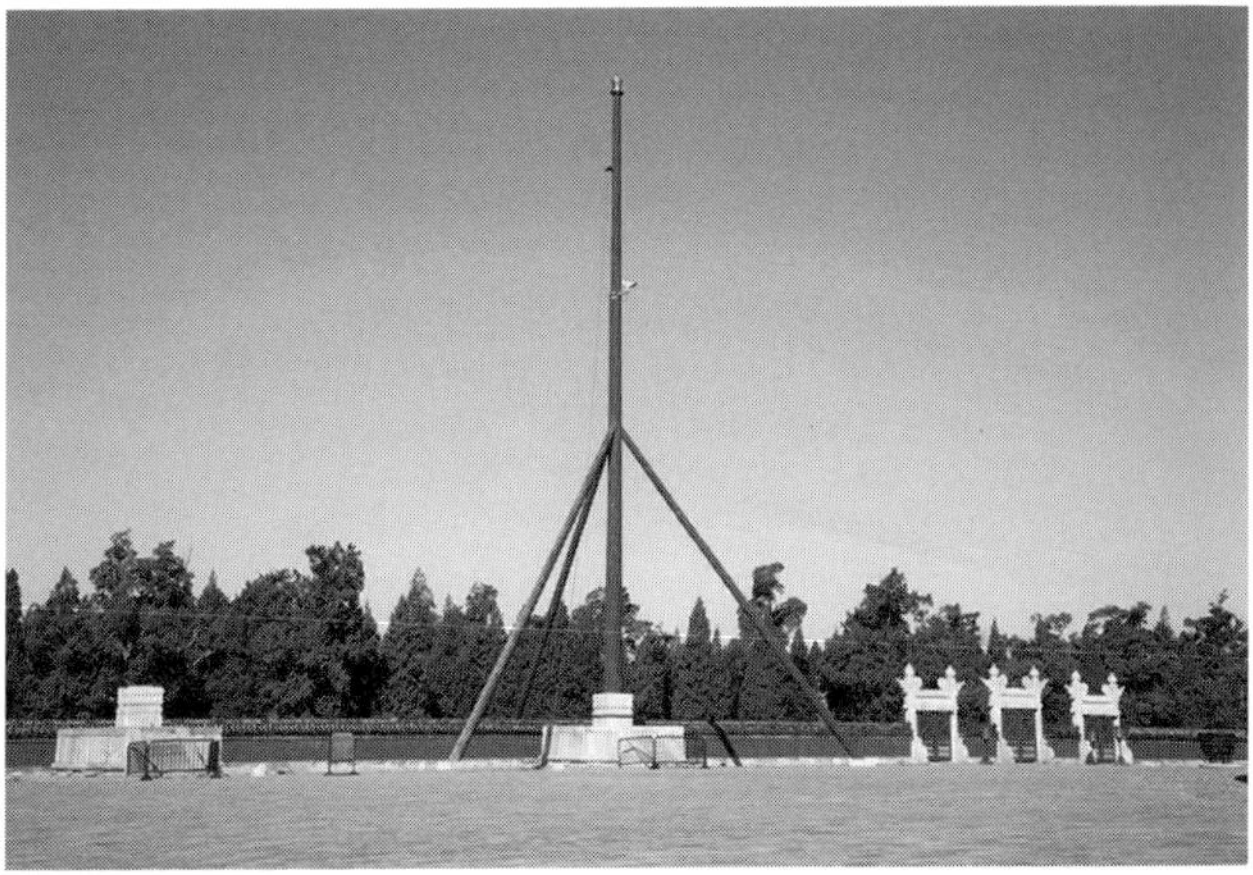

望灯杆

た。柱の長さは九丈九尺九寸あったと言われ、伝説上の天の高さは九重、というのと合致する。望灯杆に懸ける望灯（提灯）は二メートル余りの高さで、ほぼ人が入れる大きさである。この望灯で燃やされる蝋燭は特製のもので、「蟠龍通宵宝燭」と呼ばれた。この蝋燭は高さが一メートル以上あり、直径が三〇センチメートル、燭身には龍が浮かんだ装飾があり、明・清時代の「宮蝋」中の珍品である。これは普通の蝋燭と比べると独特で、形が大きいだけでなく、燃焼時間が特別に長く夜の六時から翌日の朝六時までもつもので、燃焼中に消えることがないばかりか、溶けて流れることもなく、燭芯を切る必要もなかった。

圜丘壇に伝わる本来の形式に望灯台はないのに、どうして望灯が設置されたのだろうか？これには一つのエピソードがある。明の正徳六年（一五一一年）、河北の文安の農民反乱軍が、皇帝が天壇で天を祀っているときを狙って奇襲をかけて来た。反乱軍は劉寵《ちょう》と劉宸《しん》の指導のもと、山東を出発し、臨清（山東省西北部）に駐留していた明軍を避けて、十一月末、当時の北京南部の重要拠点——覇州（今の河北省覇州市）に向けて急いだ。ところがこの消息が漏れて、兵部尚書（国防長官）の何鑒《かん》の知るところとなり、彼はその夜紫禁城にいって世徳帝に謁見を求めた。そのころ皇帝はちょうど後宮で酒を飲んで楽しんでいたが、この知らせを聞いてパニックに陥り、慌てて城中の武官に命じ、兵を率いて都の九つの門を守らせた。一方で人を派遣してその夜のうちに良郷・通州・涿州（北京周辺の町）などの地に軍を配置させた。

ところが反乱軍は明軍のこうした防御の布陣状況を明確に把握し、今回の襲撃を取りやめてしまった。この突発事件の後、毎年祭天の時期になると正徳帝は恐れて不安に陥り、ひやひやしながら過ごしたが、嘉靖帝が即位して圜丘壇を改修するときになってはじめて望灯台を造った。こういうわけで望灯杆は照明だけでなく警防の意味ももっていたのである。

三　声を伝える回音壁

回音（こだま）壁は皇穹宇の周りにあって、こだま現象を起こす円形の壁の俗称である。皇穹宇は役割からいえば圜丘の倉庫のようなものである。圜丘で祭天の大典が行われるときに使われる正位・配（脇）位・従位などの位牌を平素ここに納めておくもので、その形から「天庫」とも言われる。

皇穹宇は明の嘉靖九年（一五三〇年）に建てられたが、初めは泰神殿と言われ、緑の瑠璃瓦、二重檐《のき》で、木を円く寄せて尖らせた屋根であった。嘉靖十七年（一五三八年）、皇穹宇と名が変わり、清乾隆

皇穹宇

十七年には再建されて現在の形になった。「穹」も「宇」もみな天空や宇宙の呼称で、昔は天は円形と考えられていたので、皇穹宇の建物も多く円形である。

回音壁は天壇でもっとも有名なこだま現象をもった建物である。高さが約三メートル、厚さが約一メートルで、外観からみると何も特別なところのない壁である。回音壁を造るのに使った煉瓦は山東の清城のもので、質が緻密で叩くと音がし、断面に孔がなくて音波を反射しやすく、その間で響く音声は何度も反射してきれいなこだまになるというので、人々の好奇の目を集めている。

回音壁のこだまの効果が一番いいのは東西の配殿（脇殿）で、東西の配殿の後ろに一人ずつ立って、円い壁に近づいて話すと、二人の間が六十メートル以上離れている上に、間に二つの大きな殿宇があるにもかかわらず、はっきりとお互いの声を聞くことができる。通常、数メートル離れて普通の声量で話をするとはっきりとは聞き取れない。こだまの原因は、円い周囲の壁がほとんど円筒のようになり、壁面が滑らかの上に皇穹宇の東西の配殿の間で正殿が遮断して、音波が周りの壁面にそって伝わるときに拡散しないことにある。ただし、

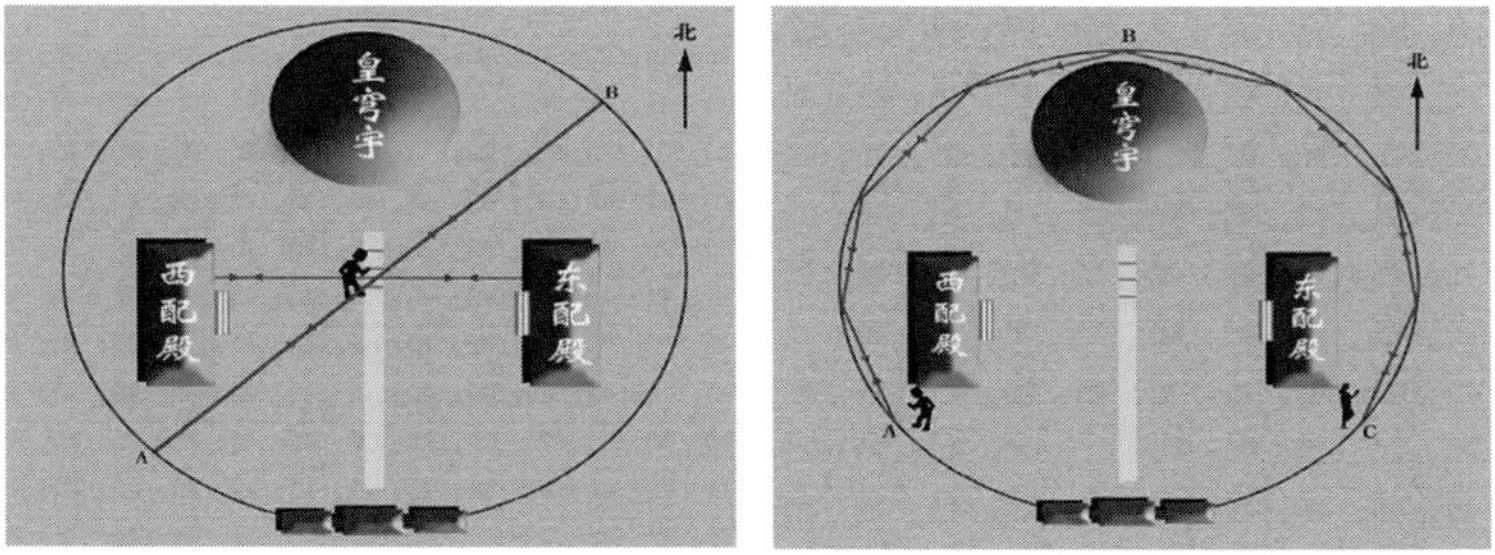

回音の原理図

注意すべきは北向きに話すことで、こうして初めて音波は東壁に伝わる。もし南に向かって話をすると音波は進む途中で正面の三つの瑠璃門にぶつかって拡散してしまうので、聞こえない。

早くも一九五〇年代には天壇の音響現象について解釈が試みられたが、九〇年代になって各種の音響現象に科学的な解釈が加えられた。そのとき、天壇公園と国内の音響研究機関および大学が連携してたびたび科学的な検査を行い、こだま現象の原理に対する信頼にたる解釈が出された。すなわち、こだまは音声が発せられた後、回音壁の円形の壁に当たり、何回も連続反射されてできるのである。

皇穹宇の中で、こだま現象が生じるところは回音壁だけでない。皇穹宇に入ると、中庭の真ん中に、大小さまざまな石を敷いた一本の道があるが、この道はありふれた道にみえて実は、回音壁と同じような不思議な音響現象を見せる。

この石畳の道の北から南に数えて最初の石は「一音石」、二つ目は「二音石」、三つ目は「三音石」と呼ばれる。これは一音石の上に立って手を打つとこだまが一回聞こえ、二音石の上に立って手を打つと二回聞こえ、三音石の上でやると三回聞こえるところから名付けられたものである。皇穹宇のこの三つの石はまた「三才石」とも言われる。中国古代の天、地、人の三才（一一四頁参照）の観念に完全に符合しているからである。「一音石」は「天の石」、「二音石」は「地の石」、「三音石」は「人の石」である。

人は「人石」の上に立ち、殿門を開けて話す必要がある。それは皇天上帝に聞こえるようにするためで、もしひそひそと話したとしても大きなこだまになる。これは「この世の私語も天には雷鳴のように大きく響く」という考え方を反映したものだ。

三音石の第一のこだまは、皇穹宇大殿の石畳の道の両側にある東・西殿の壁と壁の基礎が反射する音波が重なってできたもので、回音壁の反射が集まったものではない。第二、第三のこだまはこれと違って、一回目と二回目の音波を回音壁が反射したものが集まってできたものである。

石畳の道の十八番目の石は「対話石」と名付けられている。それは観光客がここに立つと、皇穹宇の東西殿の東北角あるいは西北角からの声をはっきりと聞くことができるからである。

これらの有名な回音石以外に、皇穹宇の石畳の他の石でもこだま音はするが、はっきりとは聞こえない。これらの石のこだま音は人がそのように造ったのか、あるいは偶然そうなったのか判断できないが、石畳の形状を見ると不思議に思うかもしれない。もともとは整然と敷かれていたはずの石の板がどうしてこのような不規則な石畳になったのか？　しかもそれぞれの石の継ぎ目がちょうどこだまの境になっているのだ。しかし確かな史料がないために、こうしたこだま効果が、昔の人が意図的に造ったものなのかどうか、証明する手だてはない。

三音石

第四章

恭しく斎戒して斎宮を語る

皇帝は天壇において祭天の大典を挙行する前にいろいろな準備の仕事をしなければならない。その中で皇帝が必ず自分でやらなければいけないことの一つに斎戒がある。天壇の西南の角のある斎宮はそのためのものである。

皇帝が大典の前の数日にわたって斎戒を行うことは祭祀前の重要な行事である。斎戒の間、皇帝は魚や肉を食べることも、酒を飲むことも、音楽を聴くことも、妃と寝ることも、裁判に関わることも、病気見舞いや葬式に参加することもせず、沐浴して身を清め、敬虔であることを示さねばならなかった。明代や清朝の前期には、皇帝は天壇の斎宮で三日斎戒することになっていたが、清の雍正帝の時に、帝は紫禁城の中に斎宮を建て、祭天前の斎戒を宮中で行うように変えた。乾隆帝の時代になると、彼は天壇の斎宮を改築拡大し、斎戒の儀礼次

斎宮の東宮門

第にも変更を加え、宮中の斎宮での斎戒を二日、天壇での斎戒を一日と改めてしまった。

天壇の斎宮は明の永楽十八年（一四二〇年）に初めて建てられたが、面積は四万平方メートル以上あった。建物は巧妙に設計され、厳格な配置をもち、皇帝はその建造をきわめて重視した。

斎宮の平面の配置は正方形で、東の祭壇に対面する形になっており、天壇の中軸線上にあって南向きになっている祈年殿や圜丘などの建物とは明確な対比をなしている。こうしてこそ皇帝は斎宮に着いたとき、正位にある「天」を遠くから拝むことができるのである。このような東向きの建築物を見て感慨を禁じえないのは、人の世で至高至尊の天子といえども人類を司る「天」に対しては頭を垂れて臣従しなければならないということである。

御河（堀）

斎宮の建物の屋根はみな緑の瑠璃瓦で葺かれていて、皇帝の至高至尊の身分を表す黄色は使われていない。ここでも皇帝は「天」の前では謙遜で恭順であることを示している。斎宮は周りを壁と堀で二重に取り囲んで厳密な防衛線をつくり、「回」字形の宮城となっている。

斎宮の主な建物は、皇帝が寝る寝宮、行事を行ったり大臣百官が来たときに謁見したりする無梁殿、皇帝につき従う人員が休憩する随事房、太監（宦官）と上席の太監の典守房・値守房、それに皇帝のためにお膳やお茶の用意をする点心房・茶果局、皇帝のための衣冠履帯などを入れる衣包房などがある。斎宮には全部で二百二十八の部屋があり、巧妙かつ精緻な構造・配置となっている。斎宮内には各種の機能をもった建物がほとんど全部そろっていて、いわば小さな皇居であり、俗に「雀は小さくても

斎宮内の石畳の道

五臓が全部そろっている」というが、そう形容しても言いすぎではなく、それ故に「小皇居」との美称をもっている。斎宮の周囲は濃密な青緑の古い柏で覆われ、また石畳の道が柏の林を抜けて輿の通る道に繋がっている。

無梁殿は斎宮内の中心に位置している正殿で、名前はその独特の建築構造からきている。中国伝統の建築が多く木材を使うのに対して、戸や窓以外、梁・垂木・柱すべて木材を使っていない。軒下の斗《と》拱《きょう》も陶制のもので、内部も重さをささえる梁と柱を使っておらず、まさに大殿は無梁無柱、煉瓦によるアーチ構造の故に無梁殿、また無量殿と呼ばれる。

無梁殿のこのような建築構造は中国建築技術史上の一大発明で十五世紀以降になって次第に普及したものである。そして斎宮の無梁殿は比較的早くこの技術を応用した

無梁殿

例として非常に貴重な歴史的価値をもっている。大殿全体に一切木を使っていないにもかかわらず、木造建築とよく似た外観のため、観光客もこうした特徴に気がつかない。清の乾隆帝はこの無梁殿を称えて「翠殿は崔巍《さいぎ》たり（高く大きい）」と詠んだが、それで分かるように当時も美しい姿をしていたのである。

第五章

鐘と磬《けい》※が響く神楽署

※玉の楽器

祭天の大典が行われる前に、祭祀の関係者は厳格なリハーサルをしなければならないが、楽舞生に楽舞の訓練を行う場所を神楽署といった。神楽署は斎宮の西南にあって、明・清時代には祭祀の礼楽を演奏する楽舞生を専門に養成する場所であった。東向きに建っていて、現存する建物の主要なものに凝《ぎょう》禧《き》殿、顕佑殿、署門、群房がある。

神楽署は最初は神楽観（観は道教の寺）と言われ、明の永楽期に北京に天地壇を建てたときに、南京の旧制に従って建てられたものである。当時の楽舞生の多くは神楽観の道士から選ばれ、楽舞の練習をして祭祀に備えたが、最盛期には神楽観の中に道士が数千人いた。楽舞生はまた敬天童子と言われ、明代には優秀な道童（道教修行の少年）や高官の子弟から選ばれ、清代には八旗（清朝の軍政組織）の優秀な子弟が当てられた。当時最高の楽舞の学校として、朝廷は専門の機関を立ち上げ、

神楽署の門

専門の職員を置いて、祭天の楽舞生を養成、訓練した。北京の各壇や廟で行われる祭祀には、神楽署の学生から選抜され任に当てられた。祭祀の大典が行われる前には礼に参加するあらゆる役人がみな神楽署で練習した。

凝禧殿は神楽署の正殿であり、礼部の太常寺官（礼楽の官）および楽部の執事官生が礼楽を演じた場所である。顕佑殿は凝禧殿の西にあって、玄武神および北方七星を祀る殿宇である。群房には旧通賛房、恪《かく》恭堂、正倫堂、侯公堂、穆《ぼく》佾《いつ》所、昭佾所、掌楽房、協律堂、教師堂、佾倫堂、顕礼署、奉祀堂、袍服庫など七十一部屋が現存しており、凝禧殿や顕佑殿の周りに軒を連ねて建てられている。

神楽署の署門は昔は立派で、祭壇に対して東に面しており、門内には巨大な影壁（門外から中が見えないようにした壁）があって、端午節にこの壁を撫でると五毒が消えるというので、多くの人が次々と訪れ、かつては盛ん

凝禧殿

仙韶細
度雲門
奏黃鐘
清磬九
霄聞
南郊大
祀中和
韶樂全
景圖
癸未孟秋

なものであった。
明・清時代、楽舞生が演奏する楽舞は「中和韶《しょう》楽」と言われた。これは昔帝王が天地や祖先を祀ったり、祝事の宴などの大典の時に演奏された雅楽からきたものである。明初にこれを踏襲して組み替え、洪武年間には雅楽を改称して「中和韶楽」と呼んだ。清朝は明の制度を踏襲してそのまま「中和韶楽」といった。雅楽は八音楽とも言われるが、これは古楽の中で金・石・絹糸、竹、土、木、瓢箪、革の八種の材料の楽器を使ったからである。

清代の中和韶楽は、祭祀楽・朝会楽・宴楽の三種に分けられ、その中で祭天に使われる中和韶楽が最大の規模のものである。祭天の楽章は「迎神・奠玉帛・進俎・初献・亜献・終献・撤饌《てっせん》・送神・望燎」の九章があった。これは祭天の九つの儀礼にあわせた歌舞であり、歌詞は天神に対する無限の歌頌と崇敬の念を表現するものである。舞いは歌詞を形に表わしたものだが、それほど複雑ではなく、六十四人が並んで方陣をつくり、そろって前に出たり下がったり、非常に荘重なものである。

明・清時代の中和韶楽の楽曲は風格が統一され、もっとも明確な特徴は一字一音であることである。この時期の祭天の楽舞は礼儀が決められ、形式が荘重で典雅な風格をもっていたが、公式行事を型どおり行うものと

左／神楽署の門内の影壁
下／現代の天壇の祭天楽舞

なり、創作的な活力に欠けている。現在、神楽署の中和韶楽は北京市の無形文化財となっていて、観光客から喜ばれている。

第六章

質朴な祭天の文物

天壇に現在収蔵されている文物はほとんどが礼器と楽器で、これらは皇帝が祭天の大典を執り行うときの必需品であった。天壇の祭器は多くが素朴で典雅、質素を尊び華美を抑えたもので、その風格と祭天という役割がマッチしている。それらはかつて皇室の祭祀にもっぱら使われたもので、天壇の時代の変化を経ており、いわば祭祀の歴史の証人ともいえる。王朝の変遷とともに、そこに波乱に満ちた物語が生まれた。

一　金銅の編鐘

天壇所蔵の文物の中に一つ、国宝の文物があって、人々の注目を引いている。それは明代の金銅の編鐘である。

この編鐘は、明・清の皇帝が天壇で天を祀るとき使用された中和韶楽の楽器である。主さ十七・五キログラム、形もよく、精美な工芸品で鎏《りゅう》金も整っていて、国内でまれに見る国家第一級の文物である。この編鐘はかつて八か国連合軍（義和団を鎮圧する名目で北京を攻略した外国軍）に略奪され、百年の流転を経て一九九〇年代に返却されたもので、中国が衰微し、また力を取り戻してきた歴史を経験している。

清の光緒二十六年（一九〇〇年）、八か国連合軍が中国を攻略している間、イギリス軍のダグラスという将校が、この明代の鎏金編鐘を天壇から略奪し、当時の英国の植民地・インドに運び込み、戦利品としてインドの騎兵軍団のクラブに飾られた。その後兵役についていたジョシーというインド人青年が、この編鐘の「身の上」を知り、この貴重な文物を元の持ち主に返そうと思っていた。

一九九四年、インド陸軍の参謀長になっていたジョシー上将はこの金銅の編鐘を持って、インド軍事代表団を率いて中国を訪問し、当時中国人民解放軍の総参謀長だった張万年に、この特殊な「お土産」を丁重に手渡した。ジョシー上将は、インドは他国の物をもっていてはいけない、元の持ち主に返すべきだと思い、今回中国にきてこの希望を実現したというわけである。

天壇の編鐘はもともと全部で十六個あったが、八か国連合軍が略奪した後、中国に戻ってきたのはそのうち一つだけであった。史料によれば、一九〇〇年、八か国連合軍は北京を占領、同年八月十六日、イギリス軍は天壇の斎宮に進駐し、各殿堂を占用、天壇の神楽署は兵站とされた。その間に斎宮、神楽署、各殿堂および倉庫にあったものはすべて略奪された。

金銅の鐘

史料にはこう記載されている。光緒二十七年（一九〇一年）陰暦十月、太常寺（礼楽を扱う部署）は内務府に文書を提出した。曰く「天壇の洋兵は全て撤す。業として本寺が各大臣と会し、前往して接収するに、祭器陳設などの件は多く遺失するを察勘す。……現存の金鐘、特磬、編磬、余《すべ》て均しく失う……」。

一九九五年四月二十一日、鎏金の銅編鐘は、天壇公園祈年殿の庭にて帰国の儀式が行われ、一世紀に及ぶ海外の流浪の生活を終えたのである。

天壇にあった明代の中和韶楽に関わる文物はすでに倉庫にない。編鐘は打楽器で中和韶楽の主要楽器の一つであり、合計十六個、それぞれ律呂（音階）の順に配列されていた。今回返ってきた編鐘は全体に鍍金がきわめて美しく、天壇で唯一の明代中和韶楽の楽器である。各方面の専門家の鑑定により国宝とされた。しかしその他の十五個の姉妹の編鐘は今にいたるも尋ね当たらず、それらが早く帰ってきて、ともに中和韶楽を奏し、空高々と天然の音が響き渡ることが期待されている。

二　龍亭

祭天の時、神様に供えるさまざまな物は、専用の木の亭（箱状のもの）で運ばれる、それらの木の亭には異形の龍の装飾があるので龍亭と言われる。龍亭を捧げ持つ係は各層から選抜され、奉舁《ほうよ》と尊称された。明代には錦衣衛（明の儀仗官）から選ばれ、清朝では鑾《らん》儀衛（清の儀仗官）の中から選抜された。

天壇で祭祀に使われる龍亭はその用途によって神版龍亭、祝版龍亭、玉帛香龍亭、香炉龍亭、笾豆《へんとう》（高坏）龍亭など数種類があった。現在天壇の西部にある斎宮展示室に各種各様の龍亭が並べられており、近くでその造形の美を鑑賞することができる。

神版龍亭

昔は祭祀において安置する位牌には神版（神の位牌）が使われたが、天壇の祭祀では皇天上帝神版、皇帝列祖列宗（歴代先祖）神版、諸神祇神版が安置された。皇天上帝の神版は皇穹宇に収蔵され、清代皇帝の歴代先祖の神版は太廟に置かれ，神祇神版は皇穹宇の脇殿に収蔵された。神版は必ず龍亭に載せて運ばれたが、神版を載せる龍亭は従って神版亭と呼ばれた。

香炉龍亭

香炉龍亭はまた五供亭とも呼ばれ、天壇の各種龍亭の中でももっとも大きく、亭の表面にはさまざまな龍が彫られていてきわめて華麗なものである。

清朝の祭祀の規程では、神版を移す途中は龍の蝋燭、香、金泥の茸を供える必要が

神版龍亭

あるが、これを五供といい、五供は香炉・燭台・高坏の三種類の礼器に載せられた。香炉龍亭はこの五供を載せるので、五供亭とも言われた。

祝版龍亭

昔の帝王が祭天の典礼の際にのべる献辞を祝文という。明・清の皇帝の祝文は翰林院（文章を司る役所）が起草した。祭天が行われる前日、十分に練られた祝文は青い紙に赤い字で恭しく書かれ、長さ一尺五寸、幅八寸四分、厚さ三分の木の板に表装されて紫禁城の太和殿に飾られる。太常寺の役人が皇帝に目を通してもらって龍亭に載せて天壇に運ばれ祭壇に供えられるが、その祝版を載せる龍亭が祝版亭と呼ばれる。

祝版亭はいろんな龍亭の中でもっとも精美に造られ、亭の内と外には三十七の龍が画かれ、全面が鍍金され龍亭全体が燦爛たる光を放っている。

玉帛香龍亭

祭天にあたって、皇天上帝に碧玉と絹と香料を献呈しなければならないが、こうした品物を玉帛香と呼ぶことから、これらを載せる龍亭を玉帛香龍亭という。

三　銅人亭

斎宮の無梁殿のバルコニーの北側に高さ三メートルほどの石亭がある。この石亭は縦横三メートル弱の方形で屋根は四方の寄棟、亭内に石座があり、現在は石座の上に銅人が一つ置かれている。昔は祭祀の大典が挙行される前にここに集まって銅人を置き、その手に斎戒の札をもたせ、皇帝に対して敬虔な気持ちで斎戒するよう注意を与えるのに用いた。それでこの石亭は斎戒銅人亭とも呼ばれた。

斎戒銅人の設置方法は明の太祖・朱元璋由来のもので、朱元璋は、人間は斎戒の間に浮かれて怠けやすくなるものと考えた。よって洪武三年（一三七〇年）、礼部に命じて銅人を鋳造させて戒告に使った。銅人の手には象牙の札があり、そこには斎戒を行う期間や目的が明確に書かれ、その時その時の斎戒者（皇帝）に注意を与えるものだが、この制度が清朝まで踏襲されたのである。

現在、天壇には三尊の清代の銅人が残されているが、銅人には誰かモデルがあったのか？あったとしたら誰だったのか？　諸説紛々として定まらない。これらの銅人の共通の特色としては立像であること、冠をかぶっていること、左手を胸にむけ、右手は平らに上向きにして「斎戒の札」を抱えていることである。足下には方形の台座があり墪《たがね》でとめてある。それぞれ違うところもあって、一人は鍾馗《しょうき》髭、一人はあご髭で赤い唇、この二人の銅人は文官の装束をしていて、明朝の楽官・冷謙と、唐の有名な諫臣・魏征の二人だと伝えられている。もう一人の銅人は宮廷の宦官の服装で、明朝の太監・剛炳だという。

歴史上、斎戒の銅人が監督・注意のためのものなら、剛直で阿《おも》ねず、敢えて諫めて直言する人士の化身であるはずである。唐の太宗・李世民にこういう話がある。「銅をもって鏡となせば、もって衣冠を正すべし。古えをもって鏡となせば、もって興替（興廃）を知るべし。

人をもって鏡となせば、もって得失を明らかにすべし。魏征の没するは、朕、一鏡を亡なうなり」。この意味深長な話は後世に広く伝わり、魏征は直言善諫の代表人物となったのだが、銅人は魏征だというのは理に合った話である。

清朝が進める銅人の礼儀は基本的に明朝のものを踏襲したものの、さらに複雑冗長なものである。雍正帝以降、歴代の皇帝は皇居内で二日斎戒したが、斎戒の銅人は常に皇帝の側にあった。三日目、皇帝は天壇の斎宮に移るが、紫禁城の乾清門の中門の左前に金色のテーブルがあって、太常寺の官員が拝礼、その上に斎戒札を南向きに、銅人は西向きに置き、一跪三叩の礼（ひざまづいて三度頭を下げる礼）を行う。それが終わると斎戒札と銅人は斎宮の無梁殿前の銅人亭の中央に置かれるが、銅人は南向きに置かれる。祭祀の当日に礼が終わると太常寺の官員が斎宮にいって、斎戒銅人を撤収し、函に納めて倉庫に入れるのである。

銅人亭内に安置された銅人

第七章

威儀を正した大行列

昔の皇帝は祭天の大典を行うとき、宮中から出発するのに、壮観ともいうべき儀仗隊を配してその盛大と天子の威厳を示す。この儀仗の隊列を「鹵簿《ろぼ》」という。魏晋の時代（二二〇〜四二〇）は祭天の儀仗を「大駕鹵簿」といったが、明の成祖・朱棣（永楽帝）の時にさらに制度を改めて大駕鹵簿は皇帝の祭天専用とした。清朝の鹵簿制度は四つの等級に分けられ、上から順に大駕鹵簿・法駕鹵簿・鑾《らん》駕鹵簿・騎駕鹵簿といった。

清の乾隆十三年（一七四八年）、乾隆帝は自ら法駕鹵簿・鑾駕鹵簿・騎駕鹵簿を合わせて大駕鹵簿とし、天壇の祭天の時の専用とした。乾隆帝が定めた大駕鹵簿では、使用した器物の豊富さは歴朝歴代の皇帝の儀仗隊を遥かに超え、参加人員も多く隊列も壮大で、帝王の儀仗は「朝廷を尊び、国彩をあきら彰かにする」という役目を徹底的に果たし、乾隆帝の目立ちたがりの性格をあますところなく表している。

清代の皇帝が祭天の大典を行うときは、紫禁城から天壇にいく大駕鹵簿の儀仗隊列は一万人以上で、その中には車ろ輅（天子の車）・楽隊・旗・幟《し》（のぼり）・纛《とう》（旗矛）・麾《き》（指図旗）・氅《しょう》（飾り毛の旗）・旌《せい》（五色の羽毛をつけた旗）・節（使者の証）・幡《はん》（縦長の旗）などがあって延々数里、行列の頭は見えても尻尾は見えず、行進する儀仗隊の音楽が天にこだまし、旗や傘が雲のように見え、とても賑々しく、皇帝は三十六人が担ぐ玉輦（専用の輿）に端座し、文武百官や守備の軍隊が堂々と天壇に向かう。

大駕鹵簿の隊列の前に四頭の「導象」がいて圧倒的な威厳をもって歩く。象は力が強く大きく、性格は従順で、象《シャン》と「祥《シャン》」は音がおなじなので、象は「吉祥」を意味してもいる。

すぐその後に五頭の「宝象」が「宝瓶」を背負っていて、飾りは華麗、歩く姿はゆったりとして「天下太平」を意味している。宝瓶の中味は火口《ほくち》、火打ち石、火打ち鉄、これらは満洲族旧時の必需品で、祖先を忘れないことを示すためのものである。

宝象の頭には美しい獣の頭が飾られているが、これは獣《ショウ》と寿《ショウ》が同音であることから「長寿」を意味しており、体を飾る「宝相花」の紋様（唐草文様の一種）は清潔と端正を象徴している。象の体に帯びた真珠、各種の貴重品や仏具は縁起がよいもの、幸福を意味していて、象の体の左右両側には金龍祥雲と福海寿山の文様があり、権威と尊貴を象徴している。

宝象の後には静鞭（静粛にさせる鞭）をもった民尉（民間から募った儀仗兵）。続いて大楽、規模は大きくなく、打楽器と吹奏楽器が中心であった。

皇帝の大駕鹵簿の中で「五輅《ろ》」は昔から重要な位置にあった。「輅」は帝王の乗る車のことで、五輅には革輅（馬四頭だて）、木輅（六頭だて）、象輅（八頭だて）、金輅（一頭の象が引く）、玉輅（一頭の象が引く）があり、それぞれ後に民尉数十人が輝かしく威儀をただして従う。そのうちで最高位は玉輅で、昔は帝王のみこれを使うことができた。明の太祖・朱元璋は古代の天子の使用する車の制度を調べ、玉輅が豪奢にすぎると考え、玉輅をやめて四輅とした。しかし、清の乾隆の時に五輅の制度に戻す詔勅がでており、乾隆帝は詩の中で「先考（先代）の五輅を輟《や》め、儀衛を千官に粛すは、徳を昭《あきら》かにするに、夫れ何か有らん。名を正して安《やす》んずるところを蘄《もと》めん」と言っている。鹵簿のゆく所、すべて皇権至上を見せつけ、さらに古人の天と自然に対する理解・尊敬を体現して見せたのである。

「五輅」の後には百八十八人からなる楽隊が続く。天壇へ行くときは楽隊はいても演奏せず、天壇から紫禁城に帰るときには天にも響くほど喜びに満ちて演奏した。

その後には、引仗・御仗などの武器を持った隊列が続く。その中には旗・幟・纛・麾・氅・旌・節・幡・傘《さん》・蓋《がい》・扇など各種の儀仗の用具が見られた。これらはすべて錦の織り物で作られていて、特に龍傘・方傘・粧緞傘・導蓋・龍蓋・翠華蓋などは精緻で鮮やかなものである。

傘と蓋（覆い）は本質的に区別はないが、その形や色はさまざまで、「制度を明らかにし、等級を示す」意味があり、蓋は帝王だけが利用する資格をもつもの。中国古代には「華蓋」は広く天の諸星を指していて「華蓋の七星、杠（柄《え》）の九星、蓋の下に柄が垂れ下がっている

玉輅

ようだ……（宋史・天文志）」とある。

鹵簿の中の扇には単龍扇、双龍扇、鸞《らん》鳳扇、雉尾扇、孔雀扇、寿扇などがある。これらはそれぞれに決まりと意味があり、たとえば鸞《らん》鳳扇には鸞鳥が刺繍されているが、鸞鳥とは古代伝説上の鳳凰に似た瑞鳥で、身は五色、羽は美しく、「あらわ見るれば天下は安寧たり」という鳥である。

大駕鹵簿の旗の類が風にはためいて延々と続く。大きく青・黄・赤・白・黒の五色に分けられるが、それぞれ決まりと含意がある。古代中国では「五色」は「五行（金・木・水・火・土）」に当てられ、また「五方（東・西・南・北・中）」にも当てられる。たとえば土は色は黄で中にあるので、黄色は中央の純色であるとする。各種の旗類はそれぞれ天地四方、空の星、風雲雷雨、日月山川、江河湖海、鳥獣天神まで表している。また旗類の錦の織り物も五色に分けられ、それぞれ意味や様式、図案も異なっている。たとえば旗の中にたびたび出てくる金龍の文様は、皇帝本人が本当の天子であることを示している。同時に龍は伝説中の神獣で、しかも南方の星座「朱鳥（朱雀）」にいて、古代中国では黄龍を当てた。これらは「大駕鹵簿」の旗・幟の類の一部であり、すべて天を祀る典礼において使用されたものである。

大駕鹵簿の中の旌・幡・幢は隊列の中央を行進するがみな、形が違う旗の類である。旌《せい》は古代中国の早期から識別の目的で使用されていたが、次第に賞罰や権力の象徴とされた。旌には褒功懐遠旌・行慶施恵旌・明刑弼《ひつ》教旌・教孝表節旌・進善旌・納言旌などがあり、形は同じだが用途は違っていた。

幡《はん》も旗の類で、下に垂れているもので、上に半円の覆いがあり、四隅から垂らして飾りと

九龍の黄蓋

し龍頭竿の上に付けてある。絳《こう》引幡・信幡・龍頭竿幡などの種類がある。絳引幡は儀仗の中の紅色の先導旗で、信幡は目印の旗である。幢《とう》と幡は作りが大体同じだが、層の数に違いがあった。

大駕鹵簿の旗類の後には武器を持った親軍・護軍が続き、九龍曲柄黄花蓋の後には皇帝の乗った玉輦（輿）が続く。紫禁城から天壇まで玉輦を担ぐ交替要員だけで十数班、数百人いた。皇帝を取り巻いて、前には先導の十大臣、後ろには豹尾の槍や儀刀や弓矢を持つ侍衛の兵、文武百官、太監の列や侍衛・護軍などがひしめいて進んだ後、百官が乗馬して隊列の最後に従い、全体の隊列は延々数里にも及んだ。

第八章

さまざまな形の古樹名木

天壇は土地が広大で、昔の人は天壇の祭天の雰囲気をつくるために大量の樹木を植えた。多くが松・柏（コノテガシワ）であるが植えた時期はおもに三つに分けられる。明の永楽帝の時、明の嘉靖帝の時、清の乾隆帝の時である。天壇に現存する古柏は三千五百六十二株、おもに祈年殿と圜丘の周囲にある。広い面積の古柏は北京市で稀な郊外の景観をつくりだしている。こうした歳月の転変を経てきた古柏は天壇の数百年の発展を見てきただけでなく、北京という都城の歴史の動きも見てきている。天壇の数千株の古柏の中には変わった樹形のものがたくさんあって、そのいろいろな姿を多くの人々が足をとめて鑑賞している。

一　屈原の問天柏

皇穹宇の西南に、一本の枝・幹の形がユニークな柏の木がある。一九七〇年代にこの古柏が手入れされて葉がまったくなく二本の枯枝を残すだけになり、一本は前、一本は後ろ、一本は上

屈原の問天柏

を向き、一本は垂れて下を向いて、まるで一人の老人が冠をかぶり寛い袖の姿で傲然と天を指しているかのようだ。一九八六年、揚州から来た一人の観光客が、その形が屈原によく似ていることから「屈原の問天柏」と名付けた（「問天」は『楚辞』に収められた屈原の詩）。無意識に作られた独特の形が人の深い興味を呼んだのである。問天柏は人が作った風景に属するものだが、その真にせまる姿と名前の意味するところは天壇の祭天文化と暗に符合していて人々の尽きない興趣を呼び起こすのである。

二　九龍の柏

九龍の柏は皇穹宇を取り巻く塀の外、西北角にあり、明の嘉靖年間に植

屈原の問天柏

迎客松

えられたもので、すでに四百年の歴史をもっている。この木の高さは十メートルを超え、青々とした針のような葉、曲がりくねった枝はきわめて古朴で力強い。幹には縦皺があって九本に分かれ九龍が絡みついているように見えるところから「九龍の柏」と呼ばれている。

三　迎客の松

「九龍の柏」から西にいくと成貞門の壁ぎわに、他の多くと形が違う古い柏の木がある。この木はわりに太く大きく、幹の下部に突起があってまんまるのお腹のようで、ふざけて「仏肚（仏の腹）柏」と呼ぶ人がいた。その木から枝が横に出ていて、ちょうど腕を伸ばしているように見える。一九七〇年代に、壁の月洞門（満月の形にくり抜いた門）を出るとちょうど横に伸びた枝の下になり、おもしろい

ので、ある人が「迎客の松」（華山や黄山で有名な松の形）と呼んだ。

四　柏抱槐

柏抱槐（柏が槐《えんじゅ》を抱く）は長廊の西にあり、槐が柏の木に取り込まれて成長しているので、この名がある。柏は明の永楽年間に植えられたもので、槐の樹齢はすでに百年は経っている。二本の木が互いに寄り添い、槐と柏が抱き合ったような姿になっており、人々は面白がるが、この現象はけっして人為的なものでなく、槐の種が偶然柏の木に取り込まれて自然に成長したものである。

五　蓮花柏

蓮花柏は長廊の北側にあって、その木の幹の根元は非常に大きく、縦に裂けて五枝に分かれている。それが巨大な蓮の花のように見えることから「蓮花柏」の名がある。

蓮花柏

第九章

天壇と縁を結んだ名士たち

天壇は明・清時代、皇室のもので、一般の人は近づくことができず、ましてここと関係をもつことはなかった。一九一八年に天壇が公園として対外的に開放されると、覆っていたベールが次第に除かれ、その門も開かれて、各地からの観光客を迎え入れるようになった。次第に多くの人が天壇に来て、天壇を理解し、さらに天壇を愛するようになった。影響の大きい事件も次々と起こった。天壇も中国内外の有名人を受け入れたが、こうした人々は天壇を参観する過程で多くの興味深いエピソードを残した。これらの人々や事件を通して天壇の名は世界各地に広がり、その魅力と影響力が広く認知されるようになった。

一　梁思成・林徽因と天壇

著名な建築家である梁思成・林徽《き》因夫妻は中国の建築史上に大きな貢献をしている。梁思成は中国の有名な建築家・教育者であり、梁啓超の息子である。林徽因は中国で最初の女性建築家で、胡適から時代の才女と言われた。この二人は中国の建築分野の傑出した人物であり、天壇をしばしば訪れ、力強い足跡を残している。

天壇は中国の歴史上最後の祭天の建築群として、建築思想・建築様式において独特なもので、中国古建築の精華である。また古建築を研究する上で貴重な実物資料でもある。一九三一年、梁思成と林徽因は中国古建築の研究を始めたとき、天壇などの建築群を非常に重視した。彼らはまず北京の故宮・天壇などを調査対象とし、宮殿一つ一つの測量・作図と考察を通して中国古建築の形態を明らかにしていった。

梁思成は、北京の古建築の規模は非常に大きく、その代表的なものが天壇であると考えた。彼はかつて次のように言ったことがある。「社稷壇と太廟（今の中山公園、労働人民文化宮）、それに天壇は明代に造られた壮麗な大建築群であるが、特に天壇は規模や形態からみても傑作である」。「色彩の使い方からいっても、昔から中国の職人たちはもっとも大胆かつもっとも創造性豊かであった。北京の故宮、天壇などの建物を見てみよう。白い台基に大きな赤い柱。戸や窓、壁。軒下の青緑に金を点じた色遣い。黄や青緑や藍色の瑠璃瓦を葺いた屋根が、爽やかで雲一つない、陽光燦爛たる北京の秋の日に、紺碧の空を背景に浮かび上がる。この印象こそ初めて北京に来た人が永遠に忘れられないものである」。

一九三四年、北平（北京）市政府は梁思成を顧問に、祈年殿の修理を決定する。梁

梁思成と林徽因たちが祈年殿の屋根の扁額のそばで撮った記念写真

思成と林徽因の二人は天壇に来て工事の具体的な指導を行った。一九三六年、古い建築物を実地に測量するために、二人は静謐・厳粛な天壇の祈年殿の屋根に上がった。祈年殿の測量が終わった後、二人は祈年殿の檐《のき》に懸かった扁額の近くで記念写真を撮っている。林徽因は中国の歴史上、皇帝が天を祀る宮殿の屋根にあがった初めての女性となったわけである。その後、梁思成は続けて天壇の神楽署・神庫・長廊などの修理工事に携わり、斎宮の修理の準備に取りかかったが、工事中に日本が起こした侵略戦争のために中止に追い込まれた。

新中国が成立した後、古い文物の保護と新しい都市建設についての話になったとき、ある人が天壇は面積が大きすぎるので祈年殿と圜丘など部分的に残せばいい、と言った。つまり天壇の古柏は全部切ってしまって新しい建築用地にするという意味である。その時林徽因は、天壇からあのような鬱蒼と茂った古い木がなくなったら、青々とした厳粛な環境がなくなってしまい、天壇全体の雰囲気も破壊されてしまう、と反対した。まさに林・梁の主張によってはじめて天壇は完全な形で残されたのである。

林徽因はかつて天壇を次のように描写している。「天壇は並ぶもののないほど芸術的、歴史的な価値がある」。「天壇は権力者が毎年天を祀り、豊年を願う場所であり、この鬱蒼と茂る緑の樹林の中に聳え立つ藍色の瑠璃瓦の屋根、それは三重の檐をもつ円形の大殿の上部であり、先端には宝珠が金色に輝いている。それこそ祖国の特別な建物、世界に聞こえた天壇の祈年殿である」。「この雪のように白い、三層に重なる円い壇は、周囲に精巧な花弁のような石刻の欄干がめぐらされ、その姿はとても美しい。これは永遠に貴重な建築物であり、祖国の地に趣を添えている」。

ある外国の建築家はかつて、「中国の建築物にはすべて明確な思想性がある。天壇は天壇であり、北海は北海である」と言った。

梁思成の考えはこうである。「我々の造る新しい建築物は、すでに造られた壇や廟や宮殿の焼き直しではなく、そうした伝統的な造形芸術をさらに発展させたものでなくてはならない。発展の過程において、その封建的な残滓を取り除き、民主的な精華を吸収するとともに、外国の建築とその造形芸術から我々にとって有用なものを吸収しなければならない」。

中国独自の建築を探求することは中国文化の発展にとって必須であり、梁思成は我々に中国建築の発展の方向を示し、貴重な精神的財産を残してくれたのである。

二　天壇をたびたび訪れたキッシンジャー

アメリカの元国務長官キッシンジャーは国際外交に風雲を呼び起こした人物であった。彼は一九七一年、ニクソンの命を受けて秘密裏に中国を訪れ、長年閉ざされてきた中米関係の大門を開く大きな功績を残した。

あれから四十数年、キッシンジャーの中国訪問は八十回を超え、当時彼の目に「美しくて神秘的」な国であった中国は、今ではこれ以上親しい国はないというほどになっている。彼は「中国は私との付き合いがもっとも長く、もっとも深い国である。中国は今や私の生命の中のもっとも重要な部分となっており、中国の友人たちは私にとって非常に大きな意味をもっている」と言っているが、天壇は彼が頻繁に訪れる重要な中華文明の古跡となった。

キッシンジャーが天壇を参観

二〇一三年六月二十六日、彼は息子の妻や孫たちと天壇に十五回目の訪問をし、「多くの中国人の参観回数を軽く超えた」。天壇を十数回参観するというのは、なにか人には理解出来ない理由があるに違いない。キッシンジャーは、中国の歴史は悠久かつ宏大であると考えている。まさにこの点から中国の歴史に深い興味を抱き、黄帝から春秋戦国、三国から唐宋、明清から中華民国まで、彼は中国の文化に対して常人を超える愛情を示している。こういう意味からいえば、天壇はまさにキッシンジャーが中華民族の歴史と文化を理解した重要な場所なのである。

二〇一三年六月の天壇訪問の時、キッシンジャー一行は圜丘や回音壁、それに祈年殿を参観したが、彼は圜丘南門で記念の署名をした。その時同時に“China is always new and always impressive!”（中国は常に新しく常に印象的である）とメッセージを書いている。

参観の途中で係員は、キッシンジャー夫妻に二〇〇八年に天壇を参観したときのことを思い出して、特に公園の古建築や古樹、緑化保護の状況を見てもらった。さらにキッシンジャーの「遠くから祈年殿をみたい」という希望にしたがって、環状路にそって祈年殿の西の坂・皇乾殿・長廊東口・祈年殿東門と回り、そこから祈年殿の院内に入って祈年殿を仰ぎ、天壇がもつ静謐さを十分に味わってもらった。

キッシンジャーは、なぜこれほど天壇に惹かれるのか、前回と印象が同じかどうか、改めて聞かれると、以前と同じように微笑みながら「やはり同じように感じる。落ち着き、穏やかさ、真実！」と答えた。祈年殿を離れるとき、彼は「ここは本当に神秘的な場所だ。また来たい」と言った。三十分ほどの参観予定が一時間に延びたが、九十歳という高齢の老人は、依然として矍鑠《かくしゃく》たるものであった。

キッシンジャーがその前に天壇に来たのは二〇〇八年、北京オリンピックの開幕の当日だった。あの時、参観の間にキッシンジャーが「私はここが好きだ」といったのは一度にとどまらない。彼はメッセージの中で「偉大なる過去をもつ国が、また永遠に輝かしい未来をもとうとしている」と書いている。この国際政治を叱りとばすような人物と天壇との縁は、まさに広くて深い中華文明の魅力によって結ばれたものである。

三　ホーキング、天壇に遊ぶ

スティーブン・ウィリアム・ホーキングは英国ケンブリッジ大学の応用数学・理論物理学

科の教授で、現代で最重要とされる一般相対性理論と宇宙論の専門家である。また彼はいま国際的な名声をもつ人物の一人であり、在世のもっとも偉大な科学者、「宇宙の王」であり、アインシュタインに次ぐ世界でもっとも著名な科学思想家で、もっとも傑出した理論物理学家と言われている。

二〇〇六年六月のある日、この優れた科学者は中国の帝王が天を祀った天壇で、初めて広い宇宙と「会談」した。

六月一八日午後五時、ホーキング教授の乗った専用車が天壇公園に到着した。これは彼の三回目の北京訪問であったが、天壇を参観したのは初めてであった。今回の北京訪問は、北京で開催された「国際超弦理論会議」に参加するためで、天壇の参観はホーキング自身が出した希望であった。天壇は中国の皇帝が天を祀った場所であり、この神秘的なところを見たいということだった。

ホーキング、天壇に遊ぶ

ホーキングは係員に伴われて、まず圜丘に登り、皇帝が天を祀る聖なる場所を見学したが、多くの係員や各方面の記者がホーキングを取り囲んで水も漏らさぬ状態で、皇帝が祭天する際の万物を一望する広々とした光景を体験することなどとてもできない。この状況を見た天壇の係員は、みなに道を空けるようにいい、ホーキングに圜丘壇上の広々とした雰囲気を感じとってもらうために、まず南面してから四方を向いてもらい、いっしょに圜丘を一回りした。ホーキングは圜丘の全貌を詳しく見て、満足そうに笑い、彼専用の発声装置を使って"Fabulous"(すばらしい)と言った。圜丘を一周したことでホーキングは中国の伝統である「天人合一」の哲学を感じとり、この宇宙学の巨人と天との交流が実現したようだった。

ホーキング教授が天壇で参観した次の場所は祈年殿であった。祈年殿の丹陛橋を通るときに、案内係が紹介しながら、東側の道はむかし皇帝が天を祀るときに通った道で「御道」といい、西側は王侯大臣の通る「王道」、中央の石を敷いた道は人が通ることは許されず天帝の霊が通る「神道」だ、と説明した。

その時、案内係とアシスタントは彼の車椅子を押して祈年殿前の右側の道を通っていたが、ホーキングは突然停まるよう身振りで言った。彼は側にいた娘にしきりに目配せをしていたが、突然"middle"(中央)という単語をキーボードに打った。ホーキングは中央のあの主道を通るのを希望したのだ。みんなが彼の車椅子を主道の上にのせると、さっきまで焦った顔をしていたホーキングから笑顔がこぼれた。彼はまさに天才である。自分が全空間における中軸線上を歩いていなかったことに気がついたのである。彼は空間に対する感覚が実に鋭敏だった。

天壇の案内係は彼に冗談を言って、「あなたは今、天にいるのです。どんな感じですか?」と聞くと、ホーキングは笑いながら"I like you."(あなたが好きだ)と答えた。案内係がいっしょにあちこち紹介してくれたこと、そして随行の係員の苦労に対して、ホーキングは何度も感謝を表していた。

当日、天壇の気温はとても高く、天壇の南門からずっと歩いてきて、ホーキングは時々休まざるを得なかったが、歩いたり停まったりしながら祈年殿に着いたときには、すでに午後七時になっていた。夏の強い日差しの余韻が祈年殿に当たっていて、いつになく美しく壮観であった。その時間になればもう祈年殿の前に喧噪はなく、人っ子一人いなくなり、静寂そのものだった。痩せてひ弱そうなホーキングは頭をかしげて、一人夕日の中に座っていたが、その後ろには金色に輝く祈年殿があった。

世界でもっとも聡明な頭脳の持ち主で、現代において天と対話ができる人物が、皇帝が天と対話する神聖な場所において、その絶妙な時空の中、天と特別な交流をしたのではないだろうか。

第十章

天壇の風物がもつ伝説

古い歴史をもつ天壇の神秘的で荘厳な雰囲気、この場所の煉瓦や瓦の一つ一つ、草木の一つ一つに天地の霊性が染みこんでいるようにみえる。天壇の美しい建物、生い茂る草木のすべてに、昔天壇を造った人たちの深い思いが潜んでいる。天壇が昔は禁制の地で、一般の人が近づけなかったからこそ、神秘のベールに覆われ、民間にも興味深い伝説が広がったのである。こうした伝説は、現代の人々は勝手な想像だとか、でっち上げだとか、自由に批評できる。しかしいずれにせよ、これらの伝説は人々の天壇への想像を豊かにし、天壇の建物の神秘性を浮き立たせ、天壇に無限の魅力を添えている。

一　年老いた乞食と祈年殿

祈年殿は最初は大祀殿と言われ、明の嘉靖年間に改築されたが、この改築についておもしろい話が伝わっている。嘉靖帝は道教を信じていて、方形の大祀殿は目障りだと思った。天は円く地は四角なのだから大祀殿は直さなければならないと思い、円形の大殿にし、さらに大殿の中で空の二十八星宿と三十六の北斗星が見られ、庶民の一年三百六十五日、二十四節気の野良仕事が分かるようにしようとした（一三三頁参照）。

工事の責任者はあせり、こんな難しい仕事をどうやって完成させたらいいか悩んだ。ある日彼は飲み屋に行って一人で酒を飲みながら思った。工期はもうすぐ来る、皇帝の要求する円形の大殿はまだ瓦一枚動かしていない、死を目前にし、思いっきり酒を飲んで死んだほうがいいと……。そこで一切かまわず思いっきり酒を飲み始めた。ちょうど酔っぱらったころ、一人のボロをまとった老乞食が現れて「だんな、メシを恵んでくだされ」と言った。工事責任者は、どうせオレはもうすぐ死ぬ身だと思って、乞食に飯を一杯注文してやると、乞食は足らないから三杯よこせといって三椀もってこさせた。すると今度は味が薄いから塩を足せという。工事責任者はそれを聞くと面倒くさくなったが、塩を足す、と三回言って立ち上がり千鳥足で塩を取りに行った。塩をとって返ってみると老乞食はいなくなっており、テーブルの上の三杯の飯は手つかずで、しかもきれいに重ねて三層に積んであった。箸も折って小さな棒切れになり、四本は椀の中央に挿してあり、周りには十二本の棒が挿してあって、しかも一層ごとに小さくなっていた。彼はこれを見ていっぺんに酔いが覚めてしまい、その乞食が「塩《イエン》を足せ」と言ったのを思い出した。そうだ！　これは檐《イエン》（のき）を足せ」という暗示だ、これはまさに天の助けだ、と思った。

工事責任者は非常に喜んで、すぐ家に飛んで帰り、老乞食が示したのを参考に小さな模型を造ったのだが、ほどなく円形の大殿が都の南郊に聳え立った。この大殿は三層の檐があり、殿内の中央に四本の大きな柱があって春夏秋冬の四季を表しており、外側の十二本の柱は一年十二ヶ月を表し、一番外側の十二本の柱は一日の十二の刻《こく》を表している。外側の二層の、合計二十四本の柱は一年二十四節気を表し、この二十四本の柱に中央の四本を加えた二十八本の柱は二十八星宿を表している。さらに大殿の屋根を支えている八本の短い柱を加えた三十六本は三十六の北斗星を表している。嘉靖帝は新しくできたこの大殿に大いに満足し、心の中で、私はここで天だけでなく地も見ることができる、天地とともに享受するのだからこの殿宇を「大享殿」としよう、と思った。それ以来大享殿が皇帝の天地を祀る場所になったのである。

二　龍鳳石の伝説

言い伝えによれば、以前、祈年殿の屋根裏の装飾天井には龍があり、下にはそれに対して黒い模様のある円形の大理石があり、表面には自然にできた筋状の模様があって一羽の鳳凰に見えることから鳳石と呼ばれた。大享殿ができた後、嘉靖帝は殿内で盛大な祭祀の典礼を行った。大典が終わると不思議なことに、人々は鳳石の筋状の模様が変化していることに気がついた。もとの鳳凰から、螭《みずち》（龍の一種）とともに空に舞い上がる鳳凰に変わったのだ。龍と鳳は縁起のいい印なのだが、これはいったいどうしたことなのだろうか？

話によれば、大享殿内のこの大理石の板は遠くの山の中から運んで来たものだという。山奥には千年の修行をした鳳凰が住んでいたが、とても美しい百鳥の王であった。ある日、鳳凰は山奥の黒い石の中に身を潜めて寝ていた。すると突然ががやがやと声がするので目を覚ますと、皇帝のために天壇に使う石を探しに来た人々によって、この石が天壇に運ばれるところだった。鳳凰は抜け出すことができず、石といっしょに天壇に運ばれ、大享殿で拝跪するときの石にされてしまった。天壇の中は警備が厳しく、逃げることもできず、鳳凰は山奥の自由の生活が懐かしく、毎晩夜になり人気がなくなると泣いていた。

一方、この拝跪用の石の真上にある装飾天井の中の龍は、いつも囚われの身で、とても憂鬱だった。石が大享殿に置かれてから、龍はその鳳凰を見ていると、いつも鳳凰が暗くなるなり泣くので、龍は下りて来て慰め、お互いに置かれた境遇を相憐れむようになった。ある日の夜、龍と鳳凰はお互いに苦しみを語り合い、悲しくなって抱き合って泣いていたが、泣きながらいつの間にか寝てしまった。すると突然外で太鼓や音楽の音がけたたましく聞こえた。皇帝が祭天のために天壇に来たのだ。龍と鳳凰は状況がまずいことを悟り慌てて逃げようとしたが、すでに時おそし、「拝跪の礼！」という声とともに皇帝は両膝をついて跪き、その体で龍と鳳凰を押さえつけた。龍と鳳凰はお互いしっかりと抱き合ったまま、石の上で美しい模様になってしまった。それ以来、天壇の大享殿の中に「龍鳳石」があるようになり、龍と鳳凰の話も広まったのである。

龍鳳石

三　乾隆帝と回音壁

回音壁については、歴史上いろんな伝説があって、たいていは「皇帝は真龍天子（天上から下りて来た龍）である」という話にこじつけたものだが、乾隆帝が天壇を視察したとき、偶然に回音壁のこだま現象を発見したとの伝説もある。

清の乾隆帝は文武両道の人で朝廷での政務の合間に全国を周遊し、熱心に山河や湖辺を歩いた。その時もちょうど万物が生き返り百花斉放する春で、一日朝政をすませると暇になり、突然天壇にいって若草を踏んで散歩したいと思った。毎年天壇に行くのは、いつも冬の祭天の時で冬枯れが眼に寂しいだけだし、その上随行のものが多くて自分でゆっくり楽しむ機会がなかった。それに対して今回はちょうど世は春の真っ盛り、天壇の風景はすばらしいに違いない、このチャンスに天壇に行ってそのすばらしい春の光を満喫したい、と思った。そう思ったら矢も盾もたまらず、乾隆帝は即刻行動を起こし、わずかに帝都の治安隊長と近侍の兵だけをつれて天壇に直行した。

天壇に着くと乾隆帝はすっかりその風景の美しさに魅了され、興にまかせてあちこち遊覧した。皇穹宇まで来たとき、彼は少し疲れたので随行員に休むように命じた。治安隊長は皇帝専用の敷物を出し、乾隆帝は皇穹宇の西の配殿の後ろの壁の根元で北向きに座って休み、隊長は南に向いて座り皇帝の背もたれとなった。乾隆帝は、この精巧に施工された囲み壁に面して座っていた――丁寧に吟味され、正確な円形に造られ、煉瓦壁もなめらかなこの壁に面して……。まったく絶妙というほかはない！

　ちょうどその時に、突然、鶏の鳴き声が乾隆帝の耳に聞こえてきた。皇帝は非常に不思議に思った。この祭壇の中は平素人はいない。なんで鶏の鳴き声がするのだ！　彼はまた耳をすませて聞くと、まだ鶏の声がする。そこでそばにいる治安隊長にこれはどういうことだと聞く。しかし隊長はまったく聞こえませんと答える。皇帝は合点がいかない。二人は背中合わせに座っている。自分に確かに聞こえているのに、どうして隊長に聞こえないのか？　乾隆帝は体を起こしてよく見たが、まわりには何もない。思わず壁に耳を近づけると、不思議なことにはっきりと鶏の鳴く声が聞こえる。乾隆帝は訝しく思い、急いで隊長に自分がやったように耳を近づけさせると、果たして隊

回音壁

長にもはっきりと鶏の鳴き声が聞こえた。

そこでみんなは慌ててあちこち探し始めた。この皇室の祭壇の中で簡単に鶏の鳴き声などが聞こえるものか。しかし長いこと探しても何も見つからなかった。乾隆帝はそのことを咎めたりはせず、ただ、どうして耳を壁に近づけると聞こえて、壁から離れると聞こえなくなるのか不思議がった。まさかこの壁が……、皇帝は何度も聞いてみて、北向きに耳を壁に近づけると聞こえるが、南向きになると何も聞こえないことが分かった。皇帝は一人ここで思案し、隊長は随行の者に皇穹宇の中を細かく捜査させたが、鶏は見つからなかった。

するとその時、突然一人の近侍の者が「蛇だ、ここに蛇がいる！」と叫ぶのが聞こえた。彼は皇穹宇の東壁の根元に一匹の数尺の大蛇を見つけたのだ。この大蛇は鶏の鳴く声をまねることができて、「野鶏脖《ぼっ》（脖は首）」とも言われていた。この野鶏脖がちょうど大壁の根元で頭を北に向け尾を南にして地面をはっていたのだ。隊長は急いで見にいったが、急にびくびくしだした。もし皇帝を驚かしでもしたら、自分はどんな罪を被ることになるのか？　隊長は恐れて急いで大蛇を斬り殺すよう部下に命じた。乾隆帝はこの時近づいて来て、何が起こったかを理解したが、少しもうろたえず、ただ「ちょっと待て」とだけ言って、ゆっくり皇穹宇の西壁まで行って北向きになり、耳を壁に当てた。東壁の根元でそれを待っていた近侍たちは刀を振るって大蛇を真っ二つに切った。皇帝はそれと同時に大蛇の殺される叫び声を眼の前のことのようにはっきりと聞いた。

乾隆帝は嬉しそうに「まったく不思議である。この壁は迂回して音を伝える！」と言って、今度は隊長を東壁に北向きに立たせてものを言わせ、自分は西壁に立って北向きに耳を当てて聞くと、やっぱりはっきりと聞くことができた。その他の随行員たちも次々と試し聞きをして、みな不思議だと思った。この壁が奇妙な現象を引き起こすことから、乾隆帝は名前をつけようとしたが、隊長が「伝声壁」と提案したのにあまり満足せず、心の中でこの壁は迂回して音を出すのだから「回音壁」がいいと思った。それ以来皇穹宇の庭のこの壁は「回音壁」という正式な名称をもつことになった。以上が回音壁の名称の由来である。

四　圜丘と小神童

圜丘の建物は非常に巧妙にできていて、人々を賛嘆させているが、その建築に関して昔からおもしろい伝説がある。

明代の祭天では明の太祖・朱元璋の位牌を置いて祀るだけだったので、当初の圜丘の台面の直径は割と小さかった。清代の乾隆帝の時には位牌が皇帝五人に増え、また祭天の時は壇上に大量の陳列物を置くだけでなく、皇帝のそばに多くの人員が立つために、圜丘壇の上は人がひしめき合い、身動きがとれなくなった。このような状況に対して乾隆十五年（一七五〇年）、帝は圜丘の規模を変更、改築して拡げるよう命を下した。その間朝廷の各大臣は様々な意見を述べた。

ある大臣が自分の考えを図面にして皇帝に献上した。乾隆帝はそれを見て、いい感じだと思った。大理石の欄干や円形の台面からくる気配と祭天に必要な環境・雰囲気が合い、荘重で厳粛な感じが出ていた。皇帝が同意しようとすると、そばにいた別の大臣が言った。「陛下、昔から天の決まりというものがあり、天は陽、地は陰、奇数は陽、偶数は陰であります。この圜丘に使う煉瓦は陽でしょうか陰でしょうか?」乾隆帝はちょっと考えてそれも道理だと思い、「では圜丘は台面から階段まですべて陽数とする。そのように計らえ」と言った。

図面を差し上げた例の大臣は皇帝の命を受け、圜丘壇の上に行ってあれこれ考えてみたがどうしても陽数にならない。ある日乾隆帝は彼を呼んで工事の進捗状況を訊ねた。その大臣は恐れおののきながら、「陛下、臣の愚鈍をお許しくださりませ。まだ計算ができておりませぬ。恐れながらあと三日のご猶予を」と答えた。その話が終わるやいなや、前回皇帝の前であることないことをふっかけた大臣がまた言った。「私めの知るところでは、圜丘台はすでに壊され、資材も用意ができているにもかかわらず、職人たちは暇を持て余しております。無駄飯を食っているとは申しませぬが、もし陛下の祭天が遅れでもしたら……」。言い終わらないうちに、乾隆帝は烈火のごとく怒鳴った。「斬罪に処す!」圜丘再建担当のその大臣は慌てて跪き、地に頭をすりつけて許しを請うとともに、三日のうちに着工すると誓った。

その三日があっという間に経ってしまった夜、工事現場に子どもの乞食が来た。みなは彼に言った。「我々はみな河を渡る泥菩薩(他人どころか、自分の命もおぼつかない身)だ。どっか他のところに行って飯をもらえ」と。しかしその子は、自分は有能でどうしてもここで働いてメシを喰いたいのだと言って聞かない。みなは、やむなく彼を連れて工事責任者の大臣のもとに連れて行った。

大臣は、もうすぐ期限が来るのに何も策が浮かばないので、この時ちょうど家で一人でやけ酒を飲んでいるところだった。連れてこられたボロをまとった子どもの乞食に会うと、ひどく汚い。しかし事がこうなっては焦っても仕方がないと思い、食べ物を出して子どもに与え、適当に名前や住所などを聞いた。しかしその子は下を向いてがむしゃらに喰うだけで一言も言わない。食べ終わると口を拭ったが、ちゃんと拭かずにビリっと袖口を引き裂いて拭き、それを地面にポイと捨てると煙のように姿を消した。

大臣はその子の振る舞いを不思議に思い、そのボロ布を見ると、なんと隅のほうに「秦」という字がある。それを広げてよく見ると、明らかに祭壇の図面ではないか！　大臣は宝物を得たように細かく計算してみると、この壇面の第一の層は九つの扇状の煉瓦であった。第二の層は十八個、第三の層は二十七個、そして第九の層はちょうど八十一個であった。階段の数も九と九の倍数で、欄干の板も九と九の倍数、みなちょうど陽の数字だ。これこそ天の助け！　あの子はいったい誰なのか？　大臣はふとボロ布にあった「秦」の字を思い出した。それで突然分かった。きっと数学者の秦九韶先生（南宋の人）が神童をよこして私を助けてくださったに違いない。大臣は満面に笑みを浮かべ、その夜すぐに「九九図」を制作し、その後無事、圜丘の改築を完成させた。これが圜丘壇と小神童の伝説である。

五　益母草の伝説

天壇は、かつて益母草（ヤクモソウ）の栽培で有名であった。益母草は夏にピンクや白の花を咲かせ、煎じて「益母膏」を作る。益母草は草全体が貴重で、根・茎・葉・実がみな薬となる。やや寒さに弱く、味は苦いが婦人病の良薬で、月経の調節・血行・解毒・鬱血・鎮静・

補精・視力などに効果がある。明・清のころは天壇の中に益母膏の専売薬店があって、商売は繁盛した。

益母草はどうして天壇に生育し始めたのか？　そこには一人の孝行娘が苦労して母の病気を救うという伝説があった。

昔々、天壇ができる前、ここには村があって、年老いた夫婦と一人の花のように美しく働き者の娘が住んでいた。娘の名は蓮花といった。父親は亡くなり、蓮花と老母は互いに助け合いながら生きていたが、不幸にして母親は不思議な病を患い、どんな治療をしても好転せず、蓮花は心配して一心に母親の治療に努めた。その時ある人が蓮花に、この病に効く仙草があると言った。ただし、道は遙かに遠く、いろんな困難が待ち受けているという。孝行娘の蓮花は母親のためにどうしても仙草を探してくると、一切を顧みず旅に出た。途中、蓮花は野宿しながら、さまざまな困難を乗り越え、仙人に出会って道を聞いたりして、とうとう仙草が生えている所に行き、仙草を手に入れて帰った。母親はそれを飲むとすぐに病が癒えた。蓮花は仙草の種を村の土地に蒔き、仙草はそこで発芽して勢いよく成長し、多くの人々の病を次々と治した。その仙草は蓮花の母親の病気を治したので、益母草と呼ばれた。

後になってここに天壇が建てられ、薬用価値のある益母草も残って、天壇の特別な植物となった。天壇は本来、皇帝が祭祀を行う重要なところであり、神聖で荘重な場所なのだが、なぜ朝廷は天壇の神楽署の中に薬屋をだして益母草を販売することを認めたのか？　これについてもちょっとした話が伝わっている。

明代のことだが、北京郊外の村に孤児が住んでいた。彼は小さい時から笛を吹くのが大好きで、その笛の音は美しく、村の人は親しみをこめて「笛仙」と呼んでいたが、彼は身よりもなく、つらい日々を過ごしていた。ある心優しい人が笛仙のことを哀れに思って、礼部の太常寺（礼楽の役所）が神楽観（二六四頁参照）で楽舞を学ぶ若い人を募集しているのを聞きつけ、つてを頼って彼が神楽観で勉強できるように計らってやった。笛仙は喜んでその話を受け、希望どおり神楽観に入った。神楽観では笛仙はおもに中和韶楽（二六八頁参照）の演奏を勉強したが、彼は天賦の才があるうえに努力家だったので、すぐに各種の楽器の演奏を覚えた。ただ彼はごますりが下手で、あまり重用されなかった。しかし、まじめだったので、その後神楽観内の空き地の管理と緑化の仕事に回された。

笛仙は人柄がよく穏やかだったので、付近の住民は、神楽観の中に自由に入って益母草を採り病人の治療に使えるようにしてほしいと彼に頼んだ。しかし天壇は祭天を行う聖地であるから、勝手に入ることはできない。そこで笛仙はみんなを失望させないために、たびたび自分で益母草を採集しては必要な人にやっていた。その後笛仙はみんなの便宜を考え、暇をみては益母草を煎じて益母膏を作り、欲しい人にタダでやった。天壇の益母膏は、こうして北京で知らない人はいない良薬となり、笛仙の慈善行為もすぐに広まった。

神楽観の責任者は笛仙の行動に非常に不満で、最初は止めさせようと思ったが、笛仙の煎じて作る益母膏で金儲けができることを思いつき、笛仙に言った。「神楽署の中の部屋を使って製薬店を開き『済生堂』と名前をつけて益母膏を専売し、神楽観の学生を回して手伝いをさせたらどうだろうか？　そうすればみんなが福を得られる」と。笛仙には、責任者は便乗して金儲けをしたいだけだと分かっていたが、見方を変えて考えれば、それでみんなが命を救う薬を買うことができるなら、それも人々に福をもたらすことになると思った。

しばらくして済生堂は開業した。商売は非常に繁盛し、顧客は毎日門に溢れ、済生堂の評判はますます高くなった。その後、薬局の商売が盛んになると天壇の中に何軒もの益母膏の専売薬局が相次いで開店し、天壇の神楽観もそれとともに有名になっていったのであった。

おわりに

天壇、この古い歴史をもつ祭天の壇は精緻で美しい建築と深く秘められた文化で国内外に知られ、毎年数万という多くの観光客を集めている。人々は大規模で典雅な皇室の祭天壇に驚くだけでなく、豪壮な祈年殿や不思議なこだまが起きる皇穹宇に感嘆する。その唯一無二の美しい建築形式によって、あるいはそこに映し出された中国文化の精神によって、天壇の祈年殿はすでに北京の代表、中国文化のシンボルとなり、ますます多くの人々の目にふれるようになってきている。

鉄筋コンクリートの中で生活する人々が、天壇の優美な公園緑地で騒がしい日常から開放され、祭天壇の独特の雰囲気の中で憩うことができる。我々は、この全人類共通の貴重な文化遺産を大切に保護・保存し、末永く享受できるようにしなければならない。

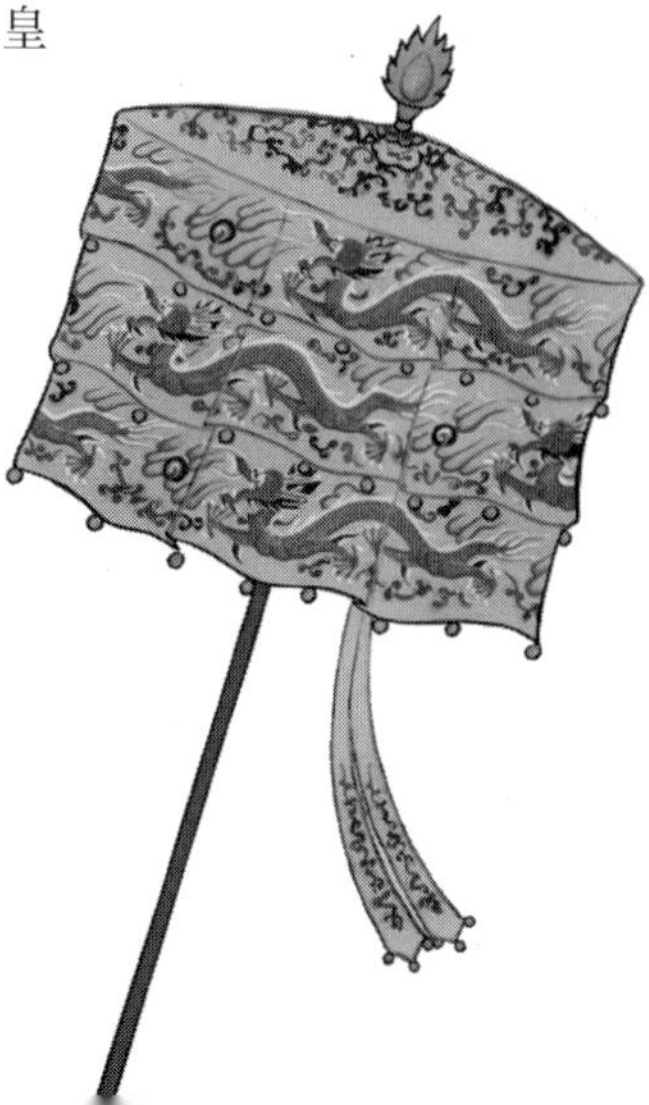

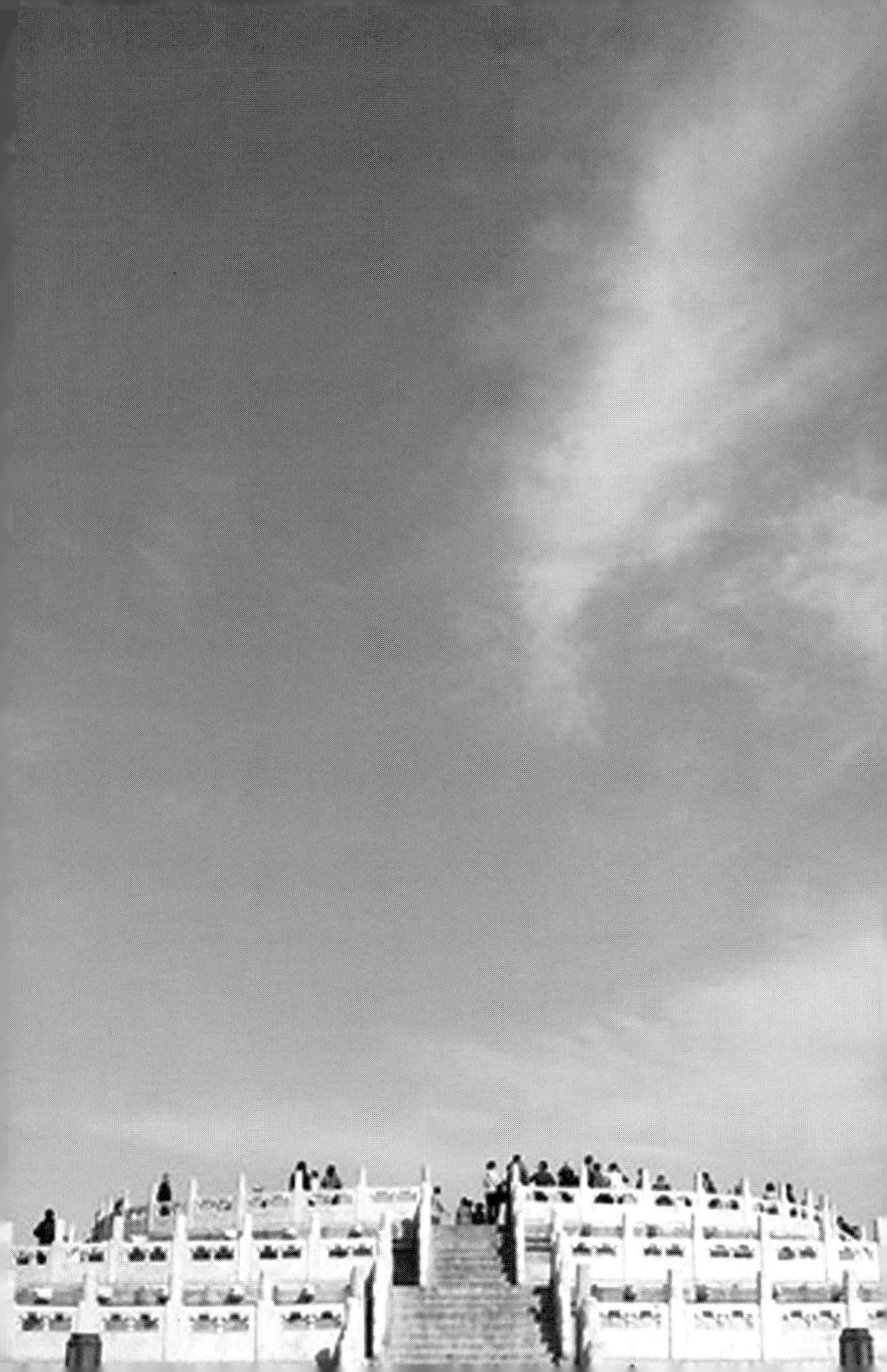

頤和園

中国庭園芸術の最高到達点

森田六朗　訳

はじめに

頤和園《いわえん》は中国で現存する最も完成された大型の皇室の庭園である。北京の西北郊にある。前身は清漪園《せいいえん》、乾隆帝が清の乾隆十五年（一七五〇年）、生母の孝聖憲皇太后の生誕六十歳を祝って建てたもので、「宮殿」と「庭園」の二重の機能をもった大庭園である。

中国北方の山川の雄渾・壮大な気勢と、江南の水郷の穏やかで清麗な雰囲気を併せもっており、一方で帝王の宮殿の華麗・宏壮さ、民間の邸宅の精緻さ、寺院や廟の厳粛さを兼ね備えていて、中国の庭園芸術の至宝である。

頤和園は、清朝の盛隆期で、ちょうど中国の古典庭園発展史のうちで最も輝かしい時期に計画されたために、濃厚な中国庭園文化の伝統をもっており、古典庭園芸術の集大成である。およそ中国の造園芸術における山水デザイン・借景・模擬・対景などの方法はすべて頤和園の中に現れており、そ

の気勢の宏大なことは、平地につくった円明園や山地につくった静宜園を遥かに超えており、中国の古典庭園の最高傑作である。

頤和園は総面積三百・八ヘクタール、園内に現存する各スタイルの宮殿・庭園・古建築物三千余り、面積約七万平方メートル、所蔵文物四万件、古樹名木千六百余株である。中国数千年の南北各地の庭園芸術を融合し、万寿山や昆明湖、その他多くの宮殿・庭園を主体とした大型の山水庭園を形成しており、その卓越したプランと精美な建物は、古代中国の、人と自然の調和統一の哲学思想・美的観念さらには工芸意識までを明らかにしたもので、中国のかつての皇室や宮廷の居住・遊覧・治国・道徳などの生活環境の物質的・精神的なニーズをも示している。

頤和園は中国の長い造園芸術の古典的なモデルであり、東方の庭園芸術文化に重要な影響を与えている。その中でも仏香閣・長廊・石舫・蘇州街・十七孔橋・諧趣園・大戯台などは、広く知られている代表的な建築物である。

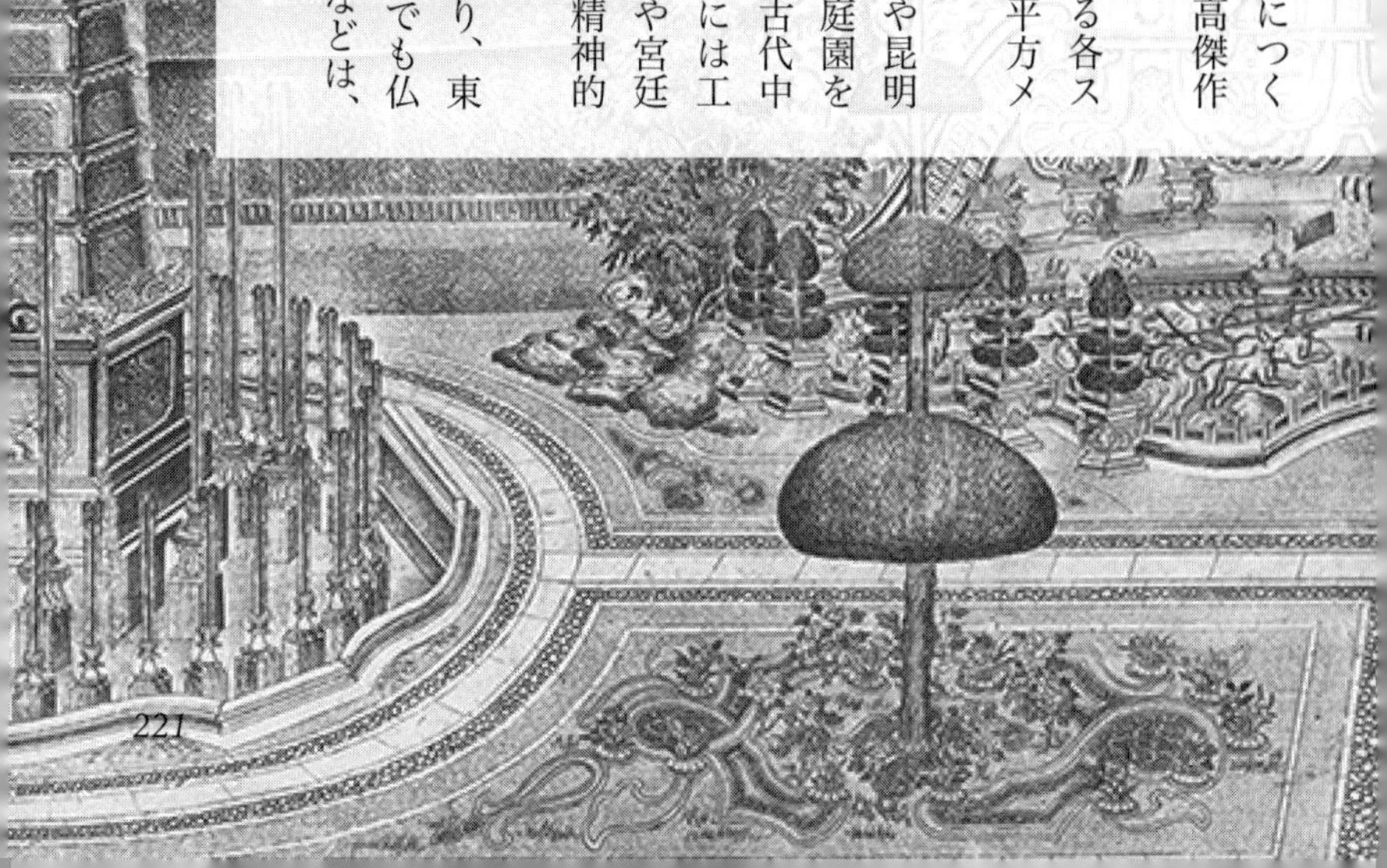

智慧海

第一章

盛世の輝き、清漪園

一　清漪園の造られた時代背景

頤和園の前身・清漪園は中国の封建専制時代に造営された最後の皇室の庭園である。清の乾隆十五年（一七五〇年）に始まり、十五年をかけて完成したもので、紫禁城と肩をならべるほどの皇室の景勝の地であり、その建造には天の時・地の利・人の和という歴史的な機縁が関わっている。

㈠天の時

順治・康熙・雍正の三代は政治に精励し、大規模な反清の暴動も収まり、西北の辺境地方の勢力も討伐されて、関係も緩和の方向に向かっていた。雍正帝の時代には官吏に対する粛正、汚職防止制度が実施され、行政効率も高まり、国内の重大な自然災害もなければ緊迫した財政問題もなかった。歴史上、封建的な皇帝権にとって脅威となってきたさまざまな勢力、たとえば外戚、宦官、党派、強権をもった大臣、強い属領などは大幅に弱められていた。

乾隆帝は、雍正期の強権政治が社会や官僚たちにもたらした緊張や不満に対して政策面での調整を行い、厳しさを緩めて協力し、飴と鞭を併用する施策をとって緊張した政治気風を緩和した。穏やかで明快な政治は清漪園の創建に良好な歴史環境をもたらしたのである。

一方、雍正期には「攤《たん》丁入畝（人頭税を農地税に組み入れる）」や「改土帰流（地元の役人を中央派遣の正式官吏に改める）」という政策が実施され、乾隆期の経済繁栄の基礎を築いた。

乾隆帝はこうした政策を踏襲して、農業の持続的な発展を図るとともに、手工業も前朝の基礎の上にたって大きく進歩させたため、商業都市が増えて対外的な貿易範囲も拡大した。乾隆初年には、全国の経済も国庫の備蓄も非常に高い水準に達していた。

こうした状況をみて、乾隆帝は国庫に銀が十分あるのだから、都市建設をやって財産の分散を図るべきと考え、軍事や減税、災害援助、治水、文化振興のほか、土木工事を大いに進め、宮殿・庭園や都市の建設と治水・災害援助・農業振興を結びつけた。

清漪園の建設も、乾隆帝のこうした「以工代賑（建築工事をやって援助にかえる）」、「散財于民（人民に散財する）」、「興土木而拡大物資流通（土木を起こして物流を拡大する）」といった経済政策の下で展開されたもので、その建設も経済の発展と繁栄の持続をもたらした。

乾隆帝の朝服像

清の軍が長城を越えて北京に入った頃は、満州族の文化・漢民族の文化・民衆の文化・西洋文化が中国大陸の政治地図の変化に影響を与える四大主流文化であった。それらの規模は同じ

西洋楼の銅版画、大噴水正面

でなく、生産方法もそれぞれ違い、文化の観念や宗教信仰はさらにさまざまであった。清初の数代の帝王は、これらの文化の精髄を積極的に取り込み、一連の改革と安定措置によって各種の文化を協調発展させせようとした。

清王朝は自民族本来のシャーマン的文化を極力維持・継続しようとしたが、遙かに高い文明をもつ漢文化も積極的に学習しようとし、儒学を治国の学として漢民族の人士の支持と擁護を得た。また清王朝において全国的な政権を取るのに重要な役割をもつチベット・モンゴル民族のことを考えて、乾隆帝はチベット仏教を大いに勧め、モンゴル・チベット人をなだめ、宗教をもって人心を治めるようにした。さらに西洋の先進的な科学に対しては乾隆帝自身足らざるを認め、自ら西洋芸術を学ぶとともに、円明園の中に西洋式の庭園――西洋楼を建てようとした。こうした政策を実施することによって多元的文化の協調発展と、「万邦の協和」という治

明代の私家庭園、蘇州拙政園

国の理想に近づこうとしたのである。

以上のような文化政策は清漪園の建設にも現われている。乾隆帝は康熙帝にならい江南の名園を数多く巡幸しているが、杭州の西湖、無錫大運河の黄埠墩、恵山の寄暢園などが参考にされている。同時に乾隆帝は各種の宗教建築を借用して、園全体の中心にある万寿山の地位を高め、庭園文化のもつ意義内容を豊かにしている。

それ以外に、明代以来蓄積されてきた造園の経験も清漪園完成のための基礎となっている。明代中葉以後、江南一帯の商業・手工業はどんどん発展し、個人の庭園が広く造られるようになり、多くの精緻な私家庭園が生まれ、造園技術も成熟の方向に向かった。明末の著名な造園家・計成に『園冶』の著書があり、崇禎七年に刊行されている。清初の造園が、直接この『園冶』の恩恵を受けたかどうかは、今後の研究を待つしかないが、この時期に残された江南の庭園が清代の皇室庭園のモデルになっていることは疑いない。

清王朝は長城を越えて北京に都を定めた後、明代の宮殿や壇・廟を完全に踏襲した。しかし、新しい統治者は長城の外からやって来て夏期の北京の炎暑に慣れておらず、祖先以来の、山野を駆け巡って騎射するという伝統や大自然の山川・森林に対する特別な感情を失っていなかったので、皇室の建設工事は朝廷内の庭園や、西郊の庭園、離宮・御苑に集中した。康熙の中葉になって国家は安定し国庫も充実してきて、北京西郊の皇室庭園の建設も幕開けとなったのである。

乾隆帝は康熙の造園理念を継承し、それをさらに高めようとした。早いうちから造園に関わったが、その出来不出来に満足したり失望したりし、それがまた新しい創作への情熱をかき立てた。こうしたことも後に乾隆帝が食言して清漪園を建てた原因の一つであった。

(二) 地の利

北京の西北郊に昔から「神京右臂（北京の右腕）」の名で有名な西山が南から北に向かって連なり、その支脈が香山から東にめぐって、屏風のように平原の西から北を取り巻いている。その中央部に二つの小山が平地に屹立しているが、これが玉泉山と万寿山である。付近は泉がこんこんと湧き、湖沼が広がって、遠くの山と近くの川が映え、ちょうど江南の優美な自然の景観のようだが、これは華北ではきわめて珍しいものである。

早くも遼・金の時代に、香山・玉泉山は時の皇室の行宮や別苑となった。元代には万寿山は甕山《おうざん》と呼ばれ、その前の西よりには「甕《おう》山泊」という湖、つまり昆明湖の前身があった。

元の大都の建設の時に、漕運（南の物資を北に送ること）を確実にするため、郭守敬（元代の科学者）はこれらの泉の水を引いて甕山泊に集め、それから南に河を掘って通恵河から大運河に入るようにした。甕山泊も以前からある天然の湖沼を水量調節能力のある貯水池に改造したもので、水位も制御され、湖の周囲には寺廟や庭園が造られ、次第に発展して北京西北郊の風景遊覧地となっていった。

明の永楽帝は北京に遷都し、甕山の開発に力をいれ、湖の周囲に寺を建て、甕山泊を「西湖」と改称し、東側に西湖大堤を造った。湖中の蓮花の香りは四方に溢れ、堤の上の垂れ柳はたお嫋やか、遠くには山なみが重なり、鷗や白鷺が天と水の間を飛び交い、あたかも一幅の江南水郷の絵巻のごとくであった。こうした美しい風景に無数の文人墨客が集まり、賛美の詩編を残している。たとえば、

馬汝驥《き》「行きて西湖を経《ふ》」
珠林の翠閣は長湖に倚《よ》り　西山を倒映して画図に入る
若《も》し軽舟を得て明月に泛《うか》ばば　風流は還《ま》た剡《えん》溪（南の景勝地）に似るや無しや

文徴明「西湖」
春湖の落日　水は藍を拖《ひ》き　天影と楼台　上下に涵《い》る
十里の青山　行くに里を画し　双飛の白鳥　江南に似る

清漪園昆明湖畔（1880～1890）

などが有名である。

清漪園の着工以前に、後の人々によく知られている三山五園のうちの四園――暢《ちょう》春園、円明園、香山の静宜園、玉泉山の静明園はもうすでにでき上がっていた。

甕山と西湖は、すでに造られていた四つの庭園の中間にあって、西は玉泉山・香山、東は暢春・円明の二園に近い。円明園・暢春園から西に西山を望む前景として、玉泉山・香山とともに近・中・遠という多重的な景観をつくり出し、奥行きのある風景となっていた。また東西に走る甕山と南北に走る玉泉山がつくり出す対比は、変化に富む景観となっていた。垂直に相対する甕山・玉泉山とその前に広がる湖沼群は、山と水が抱き合うすばらしい構成をなしていた。それ以外にも、西湖・甕山は皇帝と太后たちが円明園・暢春園から西の玉泉山・香山に行くときに必ず通るところだが、こうした位置関係は清漪園が完成した後、さらに顕著になる。

清漪園は他の四つの園と繋がって一体となり、一つの園が完成したことで全体が生きるという画竜点睛の作用をもっていた。造園芸術に通暁していた乾隆帝のことであるから、それを知っていたと思われる。

㊂ 人の和

宋、明の理学は「内は聖にして、外は王たり」という伝統的な儒家思想を継承し、内の聖と外の王の二者を結合し、本体と作用の相互依存関係を強調した。乾隆帝は幼少の頃から、宋代の儒学者を尊崇して理学に詳しかった康熙帝の深い影響を受け、その行動を生涯手本とした。一国の君主として、「聖たり、王たり」というのは自ずと彼の最高の理想となり、彼が即位前に編著した『楽善堂全集』の中にも、内聖外王の学について詳しく述べ、修身・治国・平天下の道理を分析した多くの文章がある。たとえば、

> 天下を治める者は徳を以てし、力をもってせざるなり。故に徳の勝る者は王たりて、徳の衰えし者は滅ぶ。
> 聖帝明王は治をなすに、礼を以て本とせざることなし。然る後に之を漸すに仁をもってし、之を摩くに義を以てし、之に和するに楽をもってすれば、天下は化して成る

と書いている。

乾隆帝は生涯、多くの書を広く読んだが、読書のための読書ではなく、自ら啓蒙啓発し、

その中から人生の哲理と治世の方略を得るべきことを強調している。このような思想に基づいて、乾隆帝は『三希堂集』の中で、周敦頤が士人の身分で提出した文章、

聖は天を希い、賢は聖を希い、士は賢を希う。

を逆にして述べ、

賢を希う、聖を希う、天を希う。

としたうえで、

三希とは、内聖外王の仁に依り、まさに養心と符うをいう

と指摘している。後に乾隆帝が大いに土木を進めた造園活動の中で、このような理想が昇華され、帝王のいるべき芸術的境地——聖王がその心を内修する心斎（無心の境地）の構想となったのである。

清漪園の全体配置はこの内聖外王を体現したものである。乾隆帝は昆明湖の命名にあたって堯帝を見習い、その聖王たるの理想を語っている。『万寿山昆明湖記』の中で、昆明湖は「放勲の跡を景仰」するためのものと言っている。「放勲」とは堯帝のことを指している。秦漢

時代の地理・故事を書いた『三秦記』に、

昆明池の中に霊沼あり、名付けて神池となす。堯の時に治水し、嘗て此の地に船を停むと云う。

とあり、そこから「昆明湖」と名付けたのであり、治水を行った先達の業績を重視しているのである。

乾隆帝は御製の『金牛の銘』の中で次のように書いている。

夏の禹は河を治め、鉄牛伝え頌えらる。義は安瀾（水の平静）を重んじ、後人景従う。……人は漢の武（武帝）を称え、我は唐の堯を慕う。

儒教・仏教・道教は清の中期に大きく統一されたが、これがまた乾隆帝の造園の創作心を強く刺激した。乾隆帝は福敏・朱軾・蔡世遠などの理学の大家について漢の儒教を学んだ。雍正帝もつねづね乾隆に儒・仏・道の三教の教義を伝え、禅宗の奥義を示していたし、そこから取って名を「長春居士」といった。乾隆帝は『雍和宮碑文』の中で父・雍

頤和園、昆明湖東堤の銅牛

清漪園、大報恩延寿寺の遺跡（1875）

正の仏教の造詣を讃えている。

……我が皇考（亡父）は宗乗を向究し、涅槃三昧、無上の正等正覚と成り、治く万有に施すこと沢流塵劫（きめ細かく）、帝は釈（仏）にして能く仁、実相を現真し、群生は命を托す、是に于いて焉ち在り……

儒・仏・道の統一によって、乾隆帝は宗教と政治の問題を思いどおりに処理できた上に、庭園の創作においても拡大運用することができ、清漪園の建築の中にも生かすことができた。

清漪園の大報恩延寿寺と延寿塔（未完の後壊され、後に閣が建てられた）造営の契機は母の長寿の祝いであり、これは儒教の勧める「百善は孝を先とす」という考えと合っている。

また耶律楚材（元代の重臣）の祠の保存修復は乾隆帝の「賢を希う」心を示すことになり、これも儒教の尊賢仰聖の思想を体現するものであった。それ以外にも庭園の景観と文化的意義を豊かにするために乾隆帝は園内に広く寺廟を造ったが、同じ園内に仏教・道教の建物があるのも、乾隆帝において儒・仏・道が調和統一されていることを表している。

「山水の楽しみ、懐に忘るる能わず」といった思いから、乾隆帝は一生のうち六回江南をまわり、西は五台山を五回めぐり、三回は東の泰山に行っている。漢族の臣下を慰撫したり、泰山で封禅をしたり、母にかしずいたり、仏を拝んだり……、しかし、いずれにせよすべて彼の自然の風光に対する熱愛を覆い隠すことはできなかった。彼は山水に遊び、名所旧跡を訪ねるとき、絵師を随行させ図を持ち帰り、都に帰ってから庭園創作の素材にした。

乾隆十二年（一七四七年）、香山の静宜園拡張工事が終わり、乾隆帝は『静宜園記』に「山水の楽しみ、懐に忘るる能わず」と書いているが、これは自分の造園活動に対する深い思いを語ったものである。

二　清漪園建設の契機

㈠北京の水利システムの整備

明末から乾隆初年にかけては戦争や経済問題などの理由から、西湖は長らく修理する機会がないまま、河や湖には土砂が堆積し、水面は上昇して時々氾濫し、周辺の田畑やその東側の暢春園の脅威となっていた。康熙帝の時代になって暢春園を水害から守るため西湖の東側に大きな堤防が築かれたが、暢春園の西なので「西堤」と呼ばれていた。西湖の自然の風光は以前のままだったが、周囲にある十の寺の文化的景観はすでに相当破壊されていた。

康熙・雍正両朝と乾隆初年にわたって西郊の庭園が開発されるにしたがい、そこで使用される水量が増えた。当時庭園に供給される水の源は二つあった。一つは、水量が比較的少ない万泉荘水系、もう一つは玉泉山から集まり西湖へそそぐ水（これが主要な水源）である。後者は大運河（南との水運の要）と北京の間を繋ぐ通恵河の上流に当たり、同時に宮中の用水の主要な水源でもあった。庭園での用水量が増えて上流で水が留まると宮廷への給水が危なくなり、下流の運河の運送も影響を受けることになる。この問題を解決するために乾隆帝は乾隆十四年（一七四九年）冬、北京西郊一帯の水系の整備を開始したのである。

㈡ 母親の長寿祝いに寺や塔を建てる

儒教の「百善は孝を先となす」という思想の影響を深く受けていた乾隆帝は、平素から「孝を以て天下を治む」を標榜しており、またしばしば母親に付き添って江南を巡視し、西は五台山にいって仏を拝み、北は承徳の避暑山荘にいっていた。当時皇太后は暢春園に住んでいたが、乾隆帝は母后のご機嫌伺いをするのに都合がいいように、暢春園の西にある西花園を拡張建築して臨時の政務所にしていた。乾隆帝と母親の関係がいかに親密で、深い情で結ばれていたか、分かるというものである。このことは『御製・万寿山大報恩延寿寺碑記』からも伺うことができる。

孝聖憲皇太后朝服像

乾隆十六年（一七五一年）、皇太后の鈕祜禄《ちゅうころく》氏は満六十歳を迎えることになった。乾隆帝は母の還暦を祝い、その恩に報ずるために乾隆十五年（一七五〇年）に甕山・円静寺の旧址に大報恩延寿寺と延寿塔を建てた。と同時に万寿山の南麓一帯の庁・堂・亭・榭《しゃ》（高殿）などの庭園が設計され次々と工事が始まった。清漪園の工事もこうした背景の中で幕を開けることになったのである。

三　乾隆帝は「食言」して清漪園を建てた

清の軍が長城を越えて南下し北京を占領した後、順治帝から乾隆帝初年にかけての百余年の政治的努力を経て、北京の西北郊に大型の皇室の庭園を造った。暢春園、香山・静宜園、玉泉山・静明園それに円明園の四つである。円明園ができた後、乾隆帝はそれを讃えて、

実に天宝地霊の区にして、帝王豫游《ていおうたのしみあそ》ぶの地、以て此を逾《こ》ゆること無し。

と言った。これは自分はもう二度と庭園を造らないということを暗に言っているのだが、さらに、

後世の子孫は、必ず此を捨てて民力に重費し以て苑囿を創設することなかるべし。斯くなれば則ち朕が皇考（亡き父）の勤倹の心に法《のっと》るを深く契《しる》して、以て心と為せ。

と明言している。

ところが子孫の違約を待つまでもなく、乾隆帝自身すぐに約束を違えた。ほどなく西湖を浚渫した後、清漪園の工事が始まったのである。自分の造園趣味と庭園芸術へ美的追究を満足させ、同時に宮廷や農業の用水問題を解決し、水運の振興を図るため、乾隆十四年（一七四九年）冬の農閑期、乾隆帝は万という数の人夫を動員し二ヶ月にわたって北京西郊の西湖の水系に対する大規模な整備を行った。湖を拡げ、流れを浚い、水を貯め、水門を設けて、西湖の面積は三倍、水深も二倍になり、周辺の庭園や田畑の灌漑用水の需要を保証しただけでなく、北京市内の用水の源とした。整備後の西湖は、北京の歴史で初めてダムの機能をもった湖となったのである。

庭園を造るという意図は、水系の整備過程においてすでに貫徹されていた。湖の拡大工事は造園計画にしたがって甕山一帯に実施され、甕山は土盛りして高さ約六十メートル、東西に約一千メートル、まわりとバランスのとれた山並みとされた。拡大された後の西湖の東岸も、もとの甕山の中ほどから東麓にかけて、湖と山の不均衡感が是正された。改造された西湖は、北に山、南に湖となり、「真山大湖、山水一体」といった造園の理想的条件を満たしていた。

乾隆十五年（一七五〇年）、帝は母親の孝聖憲皇太后の六十歳の長寿の祝いの名目で、甕山の円静寺の跡に大型の仏寺——大報恩延寿寺を建立し、甕山を万寿山と改名、母親の長寿を祝い福を祈った。同時に西湖も昆明湖と改められた。二年目に乾隆帝はこの水景の優れた庭

清漪園、万寿山遠望

園を「清漪《い》（漪はさざなみ）園」と命名したのである。

四　清漪園の建築上の特色

清漪園の建築物は、その機能によって、宮殿・寺廟・庭院建築群・園中の園・単独の点景としての建物・長廊・戯楼・城門・農舎・店舗・亭橋などに分類できる。

遊興・鑑賞を主要な機能とする建物がきわめて大きな比重を占めていて、宮殿・住居や生活に必要な建物は少ない。これは当時、乾隆帝が園に遊ぶ時は、

辰（八時頃）を過ぎて往《ゆ》き、午（正午頃）に逮《およ》びて返り、未だ嘗て宵を度《すご》さず。

であったからである。「遊賞（遊興・鑑賞）」が清漪園の主な役割であり、したがって居住の機能

は大きくなかったのである。

また、北京の西北郊一帯は何百年来、仏寺が集中していて、大小さまざまなお寺が数え切れないほどあり、寺院の庭園もそうした基礎の上に広く発展していた。と同時に乾隆帝の母親・鈕祜禄氏は仏教を篤く信じ、清漪園は彼女が焼香し仏を拝む場所であり、お寺や廟などの建物が多かった。こうしたことから清漪園は他と同様に寺院の庭園という役目と風格をもっていて、大報恩延寿寺と須弥霊境という中心の建築物と仏像安置のために園内各所に造られた建物群によって、清漪園はさらに宗教的雰囲気に包まれることになった。かりに寺院の性格のない建物であっても仏像があり、楽寿堂・楽安和なども一部の部屋には仏像が安置されていて、花承閣・鳳凰墩などの殿堂にも仏像があり、文昌閣や宿雲檐に至っては城門と祠廟という二重の性質をもっていた。これを見ても当時、園内はきわめて濃厚な宗教的雰囲気が瀰漫していたことが分かる。

とはいえ、ある部分は庭園としての壁や半開放式の庭園設計となっており、こうした神秘的雰囲気を打ち破って、庭園と園外の自然の風光を一体化させ、どこが庭園でどこが野外か分からなくしているところは、まさに乾隆帝が一貫して追求した自然の風趣、

人に由りて作ると雖《いえど》も、宛《あたか》も天より開くがごとし。

といった審美感に呼応している。

清漪園の景観配置の原則は、人工美と自然美の調和である。人の手によって改造された後

清漪園花承閣琉璃塔（1860）

清漪園文昌閣（1860）

の自然環境は庭園の景観を、洗練され生き生きとした詩情溢れるものにしている。山の南側と湖で二百五十五ヘクタール、全面積の八十八パーセントで、広々とした湖の風景を主とし、山を副とした大きな景色となっている。万寿山の南側中央にある仏香閣の建物群は気迫に満ちて、宗教的色彩に溢れ、清漪園中最大の中核的な存在となっている。その両側は対称の原則によった配置で万寿山の建築構成を豊かなものにし、山と建物という空間各層のイメージを深めている。

借景というのは、北京西北郊の庭園の重要な造園思想で、これらの庭園区域の中で清漪園と玉泉山、それに西北郊の田園風景がお互いに借景をつくり出している。万寿山と昆明湖は独特の山水の風趣をもち、その雄大な姿は周囲の、より深遠で広々とした視覚空間へと自然に延びている。したがって円明園・暢春園はもとより、西側の玉泉山の静明園から、さらに遠くの香山の静宜園、そして高みにある仏香閣を代表とする建物群までが、みなそれを「借景」として各自の庭園風景の中に取り込んでいる。この天地自然の創造主の神業が、北京西郊の「三山五園」を空前絶後の庭園景勝地にしているのである。

清漪園の造園にあたってはほかにも植物の配置という要素を十分に考慮している。造園の時に万寿山の上に広く松柏を植えて、もとは「禿げた土饅頭」のようだった甕山を徹底的に変えた。

西湖はそれまで蓮の花と垂れ柳で有名だったが乾隆帝が造園したときに湖沿いの土手に大量の柳を植え、

松は猶《なお》蒼翠のごとく柳は珠を垂れ、
散漫迷離にして有無を幻《まど》わす

という風景をつくり上げた。西堤の上には柳のほか桃と桑を交えて植え、赤と緑が映えてこの上なく美しかった。それで乾隆帝は次のような詩を詠んだ。

千重の雲樹は緑の才に吐《わずか》き
一帯の霞桃は紅燃えんと欲す
長堤は幾《しばしば》曲りて緑波涵《うるお》い
堤上の柔桑は養蚕に好し

五　皇帝・皇后の清漪園での活動

乾隆、嘉慶、道光、咸《かん》豊時代の清漪園は、主に皇帝が執政の余暇に気分転換したり、風景を楽しんだりするための別苑であり、庭園での主な活動は仏を礼拝したり、龍神

清漪園、万寿山上の松柏（1875-1877）

を祀ったりすることだったが、皇帝たちは清漪園の中で政治・軍事活動をも行った。たとえば乾隆帝はかつて勤政殿でモンゴル族オイラートの使者を接見して宴席をもち、昆明湖で水上軍事訓練をして見せたことがある。嘉慶帝は玉瀾堂・諧趣園で大臣を接見し政務を執ったし、咸豊帝は園内で少数民族の地方官を接見したことがある。

清の宮廷の『起居注』の記録によれば、清の乾隆十五年（一七五〇年）から嘉慶三年（一七九八年）までの四十九年間に乾隆帝は「万寿山に臨幸すること」八十回とある。嘉慶八年（一八〇三年）から二十五年（一八二〇年）までの十八年間に嘉慶帝は清漪園に百八十四回（最も多い時には一年に十七回）も来園している。道光三年（一八二三年）から二十一年（一八四一年）の十八年間に道光帝は七十一回清漪園に来ている。道光帝はこの後はアヘン戦争のために二度と来ていない。咸豊二年（一八五二年）から十年（一八六〇年）までの間、英仏連合軍が清漪園を焼き払う（アロー戦争・第二次アヘン戦争）前の九年間に咸豊帝は清漪園を二十九回訪れている。この時期の皇帝・皇后の園内での活動は主として仏を拝み焼香すること、遊覧して風景を楽しみ、祭祀をやって雨乞いすることだった。

㈠ 遊園の賦詩

乾隆帝は清漪園を偏愛したが、ここで政務をとることはきわめて少なく、多かったのは「気分転換」の場所として使うことだった。乾隆御製の詩からその一部を見ることができる。乾隆帝はどこかに行幸し、風景を楽しむと必ず記録吟詠した。そのためにその御製の詩は高い歴史的価値があり、まさに乾隆自ら、筆を渉《と》り章を成さざる能わず、以て紀実（事実の記録）を昭《あきら》かにせん。

というとおりである。清漪園が造園されてから焼かれるまでのわずか百余年の間に乾隆、嘉慶、道光、咸豊の四人の皇帝はみなここに遊んでおり、万寿山清漪園の風景を詠った御製の詩が合計一千六百三十首あるが、そのうちの一千五百二十三首は乾隆帝一人の手になるものである。わずかな例外を除けば、乾隆御製の詩のほとんどが清漪園の百余カ所の風物について詠まれた詩句で、しかも同一の風物について違う季節に違う風景を詠んだ別の詩であり、人に命じてその詩文を清漪園の自然石や石碑に刻んで後世に残させている。

乾隆帝御製の詩文は、芸術的にすばらしい点で後世から注目されているというよりは、同時代政治との密接な関係という強い特色と事実を要録するという作風において、文化史上重要な記録となっている。四人の皇帝の詩作は、我々が清漪園や清代の皇帝を研究する上でかけがえのない意味をもっているのである。

(二) 読書と品茶

乾隆帝は一生読書を愛し、自ら蔵書の場所を宜芸館《ぎうん》と名付けている。『乾隆皇帝詠万寿山風景詩』の中に収録された宜芸館関連の御製の詩は十首に及んでいる。

乾隆帝は宜芸館のことを、

保护文物
HELP PROTECT THE CULTURAL RELICS
爱护栏杆
HELP PROTECT THE RAILINGS

乾隆帝御製の詩の石刻

山を背にし復《ま》た水に面し
浄明にして塵を受けず
回廊は幽館を護る
明窓浄机にして芸《うん》編を展《の》ぶ

というような、本を蔵し読書するのに最適の場所だと思っていた。彼の目には、「内府（紫禁城の書庫）は図書に富み、芸編随所にあり」だとしても、ここそは愛するただ一つの書斎であった。したがって乾隆帝が宜芸館を詠んだ詩の中にはあちこちに、「芸《うん》の香」「芸の編」（芸《うん》は香りの強い植物。書籍の防虫用に使われた）が出てくる。

乾隆帝が、

入室すれば芸香馥《ふく》馥として披《ひら》き
聞《おとずれ》し中《あいだ》は真に縹緗《ひょうしょう》（漢籍をいれる布の帙《はこ》）と宜《やす》んず

といった味わいを愛し、

閑《ひま》を偸《ぬす》みて偶《たま》ま一たび至り
只だ片刻の間座す

という宜芸館との「縁」を大切にしたことがよく分かる。

来る毎《ごと》に惟《た》だ暫《しばら》く坐し
坐すれば静と稽（沈思黙考）あるのみ

ではあったが、それでも

資益《うるところ》は良く復《ま》た厚し

というように造詣を深めることができたという。さらに乾隆帝は、自分はただ、

偶《たまた》ま来たり　来れば便《すなわ》ち去る

ことしかできないのが残念であり、深く、

此の宜芸の処を慚《は》ず

と感じていた。

万寿山の北側にある澹《たん》寧堂も乾隆帝の書斎である。乾隆帝が十二歳になり、祖父の康熙帝

澹寧堂の現況

と暢春園に住んでいたとき、康熙帝は彼に書斎を賜わり、名付けて「澹寧居」といったが、澹寧堂はその澹寧居にちなんで建てた書斎である。乾隆帝はこの場所は諸葛亮が書いた「澹泊（淡泊）寧静」の境地があって書斎を建てるのに非常に適していると考えた。それでここに宅地を造らせたが、懐旧の心を主題とした景観をもつ建物「澹寧堂」「雲絵軒」それに「随安室」なども建てた。随安室は乾隆帝が皇子の時の書斎の名であり、雲絵軒は蔵書を中心にしたものである。

書斎の東隣りは諧趣園、南は後御路、西は花承閣、北は後渓河で、水路の西は蘇州街となっており、山あり水あり、静かで清らかな場所である。乾隆十九年（一七五四年）、その詩『澹寧堂』の中に次のように書いている。

澹泊は水の徳　寧静は山の体
山重なり水復する処　書堂はここに構えるに適せり

義を喩《さと》り因りて堂に名づく　嘉《よ》き言は蜀史（諸葛亮の事跡を記した蜀の史書）より征《と》る
大用は人を貧せず　表に由りてその里《うち》を知る

清漪園の中にはさらに、いくつか乾隆帝の茶室がある。たとえば昆明湖の西南にある藻鑒《そうかん》堂の春風啜《てつめい》茗台は景観は優美、視野が開けており、乾隆帝はそこのことを、

湖中之山上に台有り　舟を維《つな》ぎ歩を履《ふ》んで崔嵬《さいかい》（急な山）に登る
水風は既に涼にして台は既に敞《たか》く　爽を延《ひ》いて遠くを望めば胸襟の開く
竹炉は妥帖《だちょう》（穏やか）にして茗《めい》（茶）を烹《に》るに宜《よろし》く
収め来たれば荷《はす》露は清にして冷なり

と詠んでいる。春風啜茗台を詠んだ詩句はほとんどが品茗《ひんめい》（茶を賞味する）と関係があって、

春　今歳今朝　始めて偶来たり　茶炉は景を綴り山台に設く
春風過ぎて久しく　究《きわむ》れば亦た何曾《なんすれ》ぞ茗の回（時）を試みん

と詠んでいるが、これをみても乾隆帝が清漪園での「品茗」をいかに愛していたかが分かる。

清可軒も来臨することの多かった茶室で、万寿山の北側の中程、賅《かい》春園の中にあり、山際に建てられていて、「山が家屋を包み、家屋が山を包む」といった独特の建物であった。乾

隆帝は室内に青銅の鼎《かなえ》を並べ、また陶淵明や陸羽にならって壁に琴を掛け、茶釜や竹製の炉を置いた。清可軒は清漪園の中で乾隆帝が最も好んだ書斎兼茶室の一つで、彼はそれを、

山蔭の最も佳き処にして
到る毎《ごと》に必ず小憩す

と詠っている。

『清漪園陳設檔』の中に春風啜茗台と清可軒の中に並べてあった品物の記載があり、この二カ所が乾隆帝の読書と品茗という、よき休憩の場所であったことが分かる。

㊂神を祀り、仏を礼拝す

中国は農耕文化が比較的早くから発達した国であり、気候が順調であることが国家、社会、庶民の生活にとってきわめて重要であった。したがって中国では代々干ばつを防ぎ雨乞いすることが重要視され、複雑

清可軒の遺跡

な雨乞いの儀式ができ上がっていた。毎年、乾隆帝は清漪園の龍王廟に来ては線香をあげて雨乞いしたが、これが霊験あらたかだったために、その後の皇帝も信心深く雨乞いをした。記載によれば同治元年から頤和園の修復までの間、龍王に対する春秋二回の祀りは皇帝が必ず行う行事となり、一年に雨乞いすること九回の多きに達することもあった。

皇帝が自ら線香をあげて雨乞いする以外に、春秋の二回役人を派遣して龍神を祀ったり、時には皇子・親王を代理派遣して祀った。たとえば嘉慶帝は第四皇子の瑞親王綿忻《きん》に命じて祀らせ、道光帝は惇親王綿愷《がい》に祀らせている。

仏への礼拝も清朝の皇帝・皇后の日常の仕事であった。清漪園では大報恩延寿寺が代表的な建物であるが、乾隆二十二年（一七五七年）から、大報恩延寿寺では毎月一日と十五日にお経をあげることになった。毎年四月八日の仏の誕生日（灌仏会）やその他の仏教と関係のある祭日には、皇帝が皇太后を伴って、あるいは皇太后一人、あるいは皇帝一人で来て、大報恩延寿寺の各殿や園内の仏像を安置した殿宇で線香をあげた。乾隆四十五年（一七八〇年）、チベットのパンチェン・ラマが北京に来たときは、九月三日に乾隆帝は勅旨を出し、昆明湖で新造の船に共に乗った。九月十六日、パンチェン・ラマは昆明湖で龍の刺繍の旗を掲げた御舟「喜龍」に乗ったが、上陸した後、大報恩延寿寺に参って仏を礼拝している。

第二章

世の転変に翻弄された頤和園

一　慈禧太后時代の頤和園

咸豊十年（一八六〇年）十月、英仏連合軍は北京に侵攻し、清漪園、円明園を含む北京西郊の「三山五園」は皆、放火略奪に遭い、建物のほとんどが焼失した。暢春園や円明園などはすべて過去の遺跡となり果てたが、歴史のめぐり合わせというべきか、二十年後清漪園は慈禧太后の手で再び輝きを取り戻すことになった。光緒十二年（一八八六年）、慈禧太后は海軍の経費その他の資金を流用して清漪園を再建し、光緒十四年（一八八八年）には園名を頤和園と改め、自分の晩年の保養地とした（頤は保養の意）。

頤和園は基本的に清漪園の旧状を恢復したものだが、わずかに動かしたも

仁寿殿前で輿に乗る慈禧太后

のや資金不足で恢復不能のところもあり、総面積は三百一・四二ヘクタールである。園内の点景となる建物は百余り、大小の宅地が二十余カ所、古い建物三千余り、面積は七万平方メートル、古樹名木一千六百余株。その中で仏香閣、長廊、石舫《ほう》、蘇州街、十七孔橋、諧趣園、大戯台などは代表的な建物として有名である。

頤和園の再建時に流用された海軍の軍費については、かつて八千万両（テール、一両＝三十七・三g）という説があったが、一九七一年七月に出版された『故宮紹介』に引用された『康有為年譜』の記載では三千万両と改められている。その後頤和園管理所による大量の歴史資料の調査により、頤和園再建に流用された海軍の経費の状況に対する詳しい研究がなされ、最終的な再

十七孔橋旧影（1880-1890）

建の金額は以下のような項目となっている。

一、頤和園の工事開始以来、毎年海軍府によって三十万両が流用支出された。頤和園の正式着工が光緒十四年、基本的に完成したのが光緒二十年（一八九四年）、合計七年間に支給された金額は二百十万両である。

二、光緒十七年（一八九一年）四月、外交使節経費の項目で百万両が借りられたが、そのお金は、海軍府の天津にあった預金二百六十万両の利息から、年ごとに按分してすべて返済された。この二百六十万両のお金は各省の総督・巡撫が集めた海軍の経費で天津に預金されており、その利息がすべて頤和園の工事の経費に充てられた。

三、海軍府が「海上防衛計画と、鉄道の外国債務の返済のために必要」として新しく募った資金を流用したもの。その間の新しい募金の収入総額は、百十四万八千二百九十二両である。

四、光緒二十年、頤和園がほぼでき上がった後、光緒二十一年（一八九五年）からは、海軍の経費となる中国産アヘンへの課税分から、毎年十五万両が頤和園の修理費に流用されており、光緒二十六年（一九〇〇年）までに計九十万両の銀が受け取られたことが明らかになっている。

以上の項目を合計すると、五百十四万八千二百九十二両となる。ただし、海上防衛のために新たに徴収されたお金は頤和園に流用されてはいない。以上の数字を基にすると、新しい

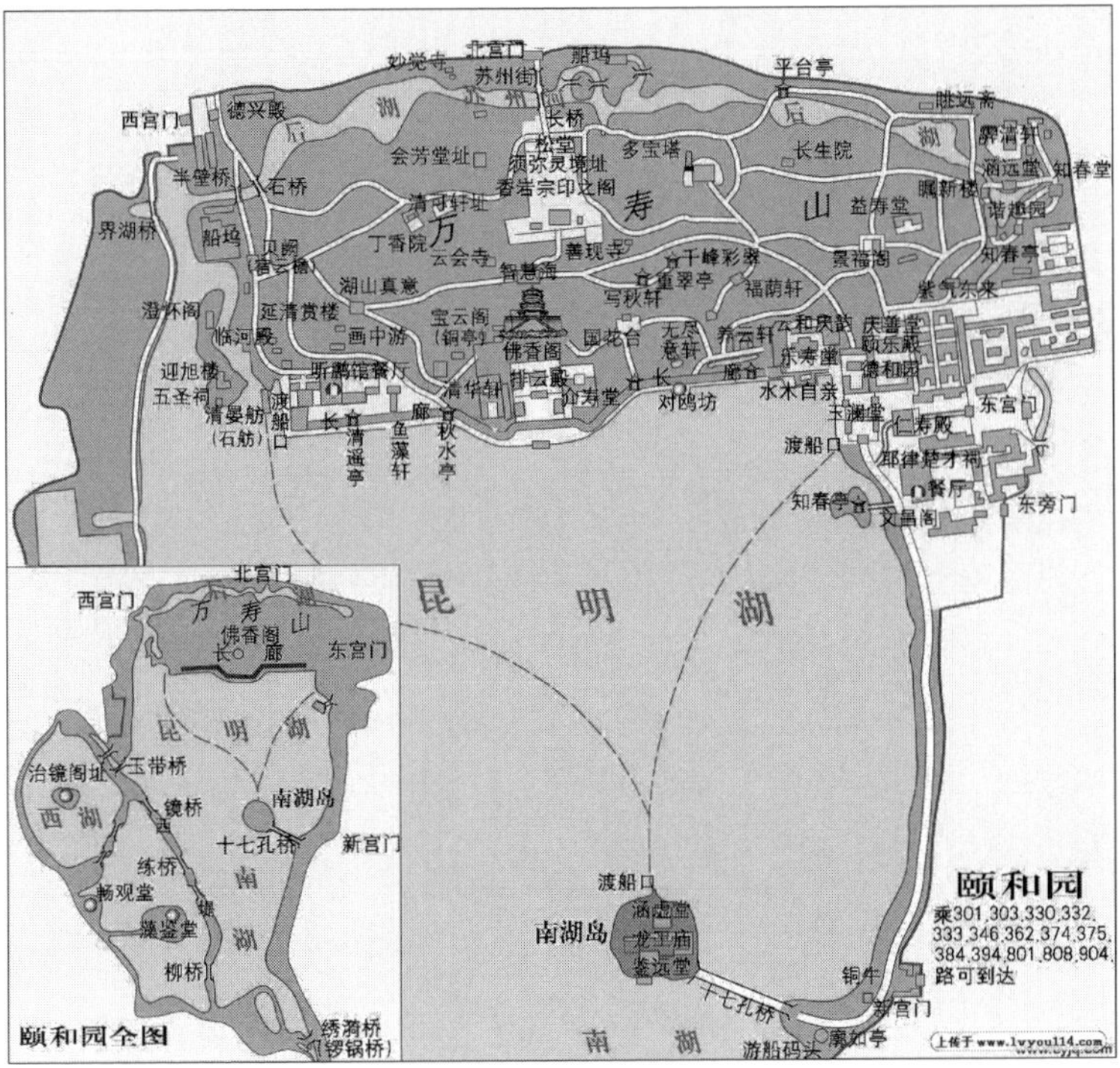

頤和園平面図

史料の発見がない限り、頤和園のために流用された海軍の軍費は五百万両前後だったはずである。

清漪園と比較した場合、建築物の内容から見ると頤和園は宮殿や住居、レジャーに偏っており、清漪園の頃に目立っていた寺廟建築は、頤和園では比重が小さい。建築芸術という面からみると頤和園の再建は、清王朝の内憂外患、経済の逼迫、政治の動揺といった背景のもとで無理をして造ったものであり、しかも再建を主導した慈禧太后の教養や審美意識は乾隆帝とは比べものにならなかったこともあり、頤和園の建築芸術は、ある面で清漪園にかなわなかった。

しかし、頤和園は現存する中国の庭園の中では、湖山の景勝や庭園の美しさによって、やはり清代の皇室庭園の全盛時代の芸術的成果を代表するものであり、かけがえのない歴史的な位置を占めている。峨々とした万寿山、広々とした昆明湖、大規模の古建築群、すばらしい庭園、さらには豊富な文化財の収蔵など、頤和園は世界の庭園建築史上に高々と屹立している。

二 頤和園の再生

一九一二年二月十二日、清朝最後の一日、隆裕太后は六歳の宣統帝・溥儀を伴って乾清宮で退位の詔書を公布した。

「……袁世凱は資政院（立憲のための議会準備機構）の選挙によって総理大臣に任命された。新旧交代の

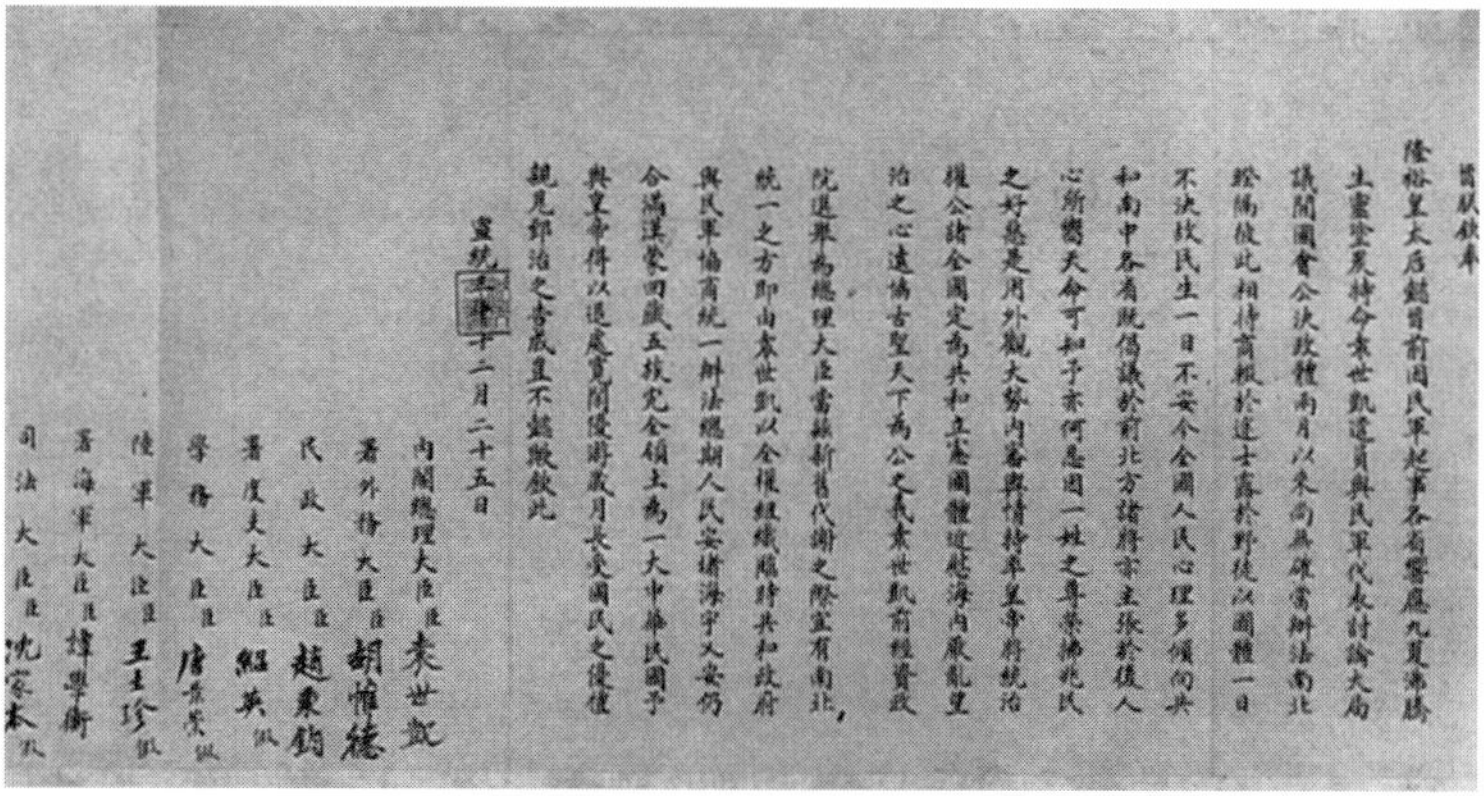
朕欽奉
隆裕皇太后懿旨前因民軍起事各省響應九夏沸騰
生靈塗炭特命袁世凱遣員與民軍代表討論大局
議開國會公決政體兩月以來尚無確當辦法南北
睽隔彼此相持商輟於途士露於野徒以國體一日
不決故民生一日不安今全國人民心理多傾向共
和南中各省既倡議於前北方諸將亦主張於後人
心所嚮天命可知予亦何忍因一姓之尊榮拂兆民
之好惡是用外觀大勢內審輿情特率皇帝將統治
權公諸全國定為共和立憲國體近慰海內厭亂望
治之心遠協古聖天下為公之義袁世凱前經資政
院選舉為總理大臣當茲新舊代謝之際宜有南北
統一之方即由袁世凱以全權組織臨時共和政府
與民軍協商統一辦法總期人民安堵海宇乂安仍
合滿漢蒙回藏五族完全領土為一大中華民國予
與皇帝得以退處寬閒優游歲月長受國民之優禮
親見郅治之告成豈不懿歟欽此
宣統三年十二月二十五日
內閣總理大臣臣袁世凱
署外務大臣臣胡惟德
民政大臣臣趙秉鈞
署度支大臣臣紹英假
學務大臣臣唐景崇假
陸軍大臣臣王士珍假
署海軍大臣臣譚學衡
司法大臣臣沈家本假

清朝皇帝、退位の詔書

時にあたって、ここに南北統一の方針を宣告する……すなわち漢・満・蒙・回（ウイグル）・蔵（チベット）五族の全領土を合して一大中華民国とし、私と皇帝は寛閑の処に退き、のんびりと月日を送り、長く国民の尊敬を受け、親しく治世の完成を見ることができるのは、とても喜ばしいことである！」と。

この時から清朝は歴史の舞台を下りることになる。溥儀は「退位した後、しばらく宮中にいて、後日頤和園に転居する」ことにし、頤和園は退位後の清の皇室の私有財産となり、清の皇室内務府の管理するところとなった。

この時期、多くの内外の人士、各界有名人が次々と頤和園参観を求めた。皇室の私有財産といえども結局は時代の趨勢であり、陸軍統領府は一九一三年四月二十四日、『瞻仰《せんぎょう》頤和園簡章（頤和園参観要領）』を制定し、「参観許可」の制度を実施し、参観する人数や方式を厳しく制限した。頤和園参観は少数の役人や金持ちの特権となり、とても真の意味での開放ではなかった。

「参観許可」制度は、まもなく罵声とともに終わってしまった。ちょうど北洋政府の財政困難にあって、毎年四百万元の皇室経費は年とともに支払いが遅れた。収入を増やすために一九一四年五月、陸軍統領府と皇室内務府は協議してやり直しを決め、「遊覧のために開放するという名目で資金調達する」ことにした。

『頤和園等入場券販売試行規定』によれば、一九一四年五月六日、頤和園は社会に対して正式に入場券の販売を始めた。『規定』は三十二条あって、入場券の販売時間、販売部門、入場券のチェック方法、売り上げ収入の分配、園内施設の管理、業務責任などの内容が詳細に規定された。

入場券は銀貨で一元二角、排雲殿、南湖、諧趣園、玉泉山などの場所は別に入場券を買う必要があり、高価な入場券は一般人の入場を拒むことになったが、結局は多くの杓子定規な御法度や身分制限をなくすことになり、社会や民衆からみれば一つの進歩といえないことはなかった。開放以後、毎月平均の入場券販売の収入が約二千元前後、年にしたがって増加した。そのうちの三分の二は皇室内務府に入り、三分の一が陸軍統領府の管理となった。

一九二四年五月二十三日、英国人ジョンストンは溥儀の勅諭を受けて頤和園の管理を担当し

清漪園、宝雲閣旧影（1869-1870）

た。同年十一月馮《ふう》玉祥は「北京政変」を起こし、政局に重大な変化が生じ、最後の皇帝・溥儀は馮玉祥により紫禁城を追い出された。馮玉祥は皇帝への優遇条件を変え、清の皇帝が頤和園に移るという内容を削除したため、溥儀は結局頤和園に住むことはなかった。

民国軍第十一師団は北京西郊一帯の古跡名勝を接収し、園内の係はもとのままにしたが、各殿宇は封をして開けることを禁じた。一九二六年、首都圏警備司令官の王懐慶は頤和園を清の皇室に返却し、皇室事務所は貝勒《バイル》（清朝の爵位）の潤祺《じゅんき》（溥儀の義兄）を派遣して接収し、「清皇室の頤和園経営事務所」をつくった。一九二八年六月になってすべて最後の皇帝・溥儀の私有財産となり、清の皇室が管理することになった。

一九二八年、北伐戦争に勝利して南京国民政府が北京に進駐、七月一日、頤和園は南京国民政府の内政部に接収され、八月十五日には北平（北京）特別市政府に移管され「内政部頤和園管理事務所」が成立、「清皇室事務所の頤和園経営事務所」を接収した。国民政府内務部総長・朱啓鈐の勧奨により、頤和園・北海・景山・玉泉山などの旧跡は公園となり、頤和園はこの時から国家の公園となり、完全に皇室の管理から離れることになった。入場料は昔のままの一元二角で、北京の公園の中で格段に高く、北海、中山などの公園の入場料の数十倍であった。

この後の二十年の間、時局は動揺したが、国民政府は頤和園に対する管理を重視し、歴代の所長の陳銘閣、許星園、鄒致鈞などはみな市の行政の要職にあり、一九三一年には事務所の機構は文書主任、総務係、会計係、保管係、頤和園民衆学校などからなり、後にまた園芸主任が加わるなど、組織はいろいろと考慮されていたといえる。

しかしながら軍閥が混戦する局面においては頤和園の建物は軍閥や官僚、政客などの私宅となり、文物は散逸し建築物の破壊もひどかった。日本の中国侵略期になると頤和園はまた損害を受け、建物は崩れ、湖水は浅くなり、花や木はうち萎れた。一九四九年に新中国が成立する前には園内は荒涼たる風景と化していた。

一九四八年の解放戦争の時期、平津戦役（北京と天津の攻防戦）では国民党守備軍は万寿山の北側と北宮門の山の上に無数のトーチカを築き、古跡を借りて抵抗しようとした。十二月十一日、東北野戦軍第五縦隊は冀東の三河県（今の河北省三河市）を出発、北京に向かって進軍し、十二日正午、第五縦隊の先頭部隊第百十三師団の三個部隊はすでに海淀区の安河橋に到着し、頤和園の北宮門までわずか数百メートルのところまで迫った。当時、園内には傅作《ふ》義の「華北総部」が駐留しており、両軍は対峙する形になった。その時、軍の指揮所は東北野戦軍司令部の緊急電報を受けとった。「名所旧跡をさけて、万寿山以西に道を開き、豊台を占領せよ」という命令である。

当時の局面では国民党側が多数で、東北野戦軍側が少数、しかも時間は緊迫している。そこで東北野戦軍第百十三師団指揮所は急ぎ進軍路線を研究した。万寿山以西は北宮門から北に向かって丘陵が起伏する高地であり、国民軍がその険阻の地で守備している。第百十三師団第三十七軍と三十九軍は北側から敵軍の防衛陣地を回り込み、西山の麓から迂回して前進する戦術をとり、南の石景山に回って頤和園で守る敵軍に迫り、闘わずして撤退させ、ついに頤和園は戦火を免れたのである。

十二月十三日、解放軍四十一軍と四十八軍は頤和園に到着し、部隊は園内の門と周囲を警備し、頤和園は開放されて新しい歴史の一章を開くことになった。

一九四九年一月二十日、北平（北京）軍事管理委員会は頤和園の接収を決定、一月二十一日、北京市軍事管理委員会は良郷地区業務グループの柳林溪、姜金庸、薛《せつ》宝珠の三人を派遣して頤和園と玉泉山を接収した。もと頤和園事務所長の許星園が代理所長となり北平市公用局の管轄となった。四月になり頤和園は開放され、頤和園管理所の組織が成立し、北平市人民政府建設局の指導のもとに王範と柳林溪が正副主任となった。十月十四日、北京市人民政府は頤和園に対して「北京市人民政府頤和園管理処公印」の印章を発給し、組織作りが完成した。同時に袁世凱の子の袁克定や、家賃を払わなかった清の宗室の溥心畬《ふしんよ》など、一部の特殊な居住者の整理をした。

頤和園は、皇室の庭園として戦乱による破壊を経ながらも一部完全な殿宇が残り、樹木や各地に点在する古建築は保存されていたが、大部分は大きく破壊されて見る影もなく、園内各所では、ひどいものは壁や垣、建物の柱や石柱は倒れ、程度の軽いものでは柱が傾き、雨漏りがするありさまだった。中心的な建物である仏香閣は雨漏りがひどく、転輪蔵や画中游（第三章参照）は倒れる危険性があった。樹木は虫害がひどく、国花台の牡丹も枯れ、万寿山北側や西堤などでは時に狐がでたり、藻鑒堂では三メートル以上もある大蛇がでたりした。当時は全園で牡丹がわずか七株、大型の平板船（平甲板船）が三隻、中型の遊覧船六隻、小さな手こぎ船が十艘あるのみであった。園内の衛生状態は極度に悪く、便所は七カ所だけだった。四千以上あった堅木の家具のうち、完全なのは五分の一で、敷物や毛氈の暖簾などはボロボロであった。

頤和園は接収されてから、管理処は新しい制度や管理モデルを制定して、生産・保護を一斉に進め、古い建物の修理、病害虫の退治、苗木畑での栽培、古物整理などの業務を展開した。「生産」と「管理」という二方式路線は建国初期の生産発展の情勢と合致していたし、また過渡期の頤和園が資金を獲得する基盤ともなった。

頤和園の管理の重要な業務の一つは古物整理だった。頤和園管理処は専門の委員会をつくって、文化財の帳簿を整理し、現有の古物を鑑定し、帳簿上で名称が分からないままのものは改めて名前をつけ、破損したものやなくなったものは抹消した。長い間文物を入れる倉庫がなかったために、頤和園の大量の古物、なかでも堅木の家具は建物の軒下や中庭にバラバラに置かれ、風や日に晒されて破損がひどく、管理処は文物の倉庫を建てて少しずつあちこちにあった家具を回収し、修理した上で倉庫に入れるなど、多くの文物を適当な場所に納め、緊急処置をとった。仁寿殿・排雲殿・楽寿堂・玉瀾堂などは平素から一般に開放していなかったのでもとの様子を留めておらず陳列品も乱雑なままになっていた。そこで参観者のために管理処は歴史的資料をもとに少しずつ殿宇をもとの状態に戻し、項目別に陳列を始めた。一、二年の財産調査と文物の整理修復などの作業を経て、頤和園の文物は時を移さず修理・保護された。

一九五七年十月二十八日、頤和園は北京市政府によって一級北京市重点文物（文化財）保護単位に指定され、一九六一年三月四日には国務院によって一級全国重点文物保護単位とされた。頤和園の文物保護事業は国家と北京の両方から重視されることになったが、この時多くの外国元首と官僚、友好人士が頤和園を参観遊覧し、頤和園は外交において重要な役割を果たした。

改革開放の政策がとられた後、頤和園はまったく新しい頁を開くことになり、各種の事業もめざましい発展をとげ、歴史上最良の時代を迎えた。この時期は国家が文物保護に対して年々力を入れ始め、庭園の緑化などの公共事業に巨額の資金を投入した。一九九一年には、北京市政府は頤和園ができて二百余年来、初めて昆明湖の大規模な汚泥処理工事をやり、水源維持能力を改善した。

一九九八年十二月二日、数年にわたる細心の申請準備を経て、頤和園は世界遺産委員会により世界文化遺産に登録され、正式に世界文化遺産となった。世界遺産委員会は頤和園に対して次のような高い評価を与えている。

北京の頤和園は中国の風景・庭園芸術の一つの傑出した表現であり、人工の景観を大自然と調和させ一体化したものである。頤和園は中国の造園思想と実践が集中的に体現されたものので、こうした思想と実践が、トータルとしての東方の庭園芸術という文化形式の発展に中心的な作用をなしている。頤和園を代表とする中国の皇室庭園は、世界の大文明の一つであることの有力な象徴である。

頤和園内の世界遺産プレート

第二章

頤和園、建物の精華

一　東宮門

東宮門の建物群は、頤和園の宮廷区の「外朝」の前半部分で、宮門・朝房（皇帝に会うための待合室）・影壁（門外から中が見えないようにした壁）・牌楼（装飾・記念用の建物）、それに石橋と広場からなっている。主な建物である東宮門は頤和園の正門であり、最初は乾隆十五年（一七五〇年）に建てられ、光緒十二年（一八八六年）に再建されたもので、乾隆期の形式と構造をもっている。東向きで入母屋造りの屋根、灰色の筒瓦（半円の瓦）、吻獣（屋根の両端の獣形の装飾）がある。団龍（円形に描かれた龍の紋）の天井があり、金龍をあしらった和璽《じ》彩画（極彩色の装飾紋様）が画かれている。明間（外への出入り口がある部屋）には東向きに光緒帝の書で「頤和園」の金字の扁額が懸かっていて、その扁額には五つの印が刻まれている。それぞれ「光緒御筆の宝」「慈禧皇太后御覧の宝」「数点の梅花は天地の心」「和平・仁厚は天地と同意」そして「麗日春長し」とある。

正面は間口が五間*、三つは出入りができ、二つは壁で閉じられている。観音開きの扉の上には縦横それぞれ九個の鍍金の丸釘が打たれ、四個の門簪《もんしん》（門の上部、鴨居につけた木製の装飾）がある。三つの出入り口の前は、もとはスロープ状になっていたが、現在は中央は雲龍を彫った石があり、両側はスロープでなく石段になっている。中国の伝統的な建築様式のとおりに、東宮門の前の両側には一対の大理石の台座上に銅の獅子が設置さ

＊中国の「間」は、長さではなく、柱と柱との間を数える建築上の単位である。したがってこの「間」数は、部屋の数と一致する場合もあるが、一致しない場合もある。

れており、南が雄、北が雌である。東宮門の南北両側にはそれぞれ東向きに脇門があって切妻式の屋根があり、蘇州式の装飾模様が描かれている。清朝の皇帝・皇后は入園するときは真ん中の大門から入り、その他の人は両側の脇門から入った。

東宮門前の南北にそれぞれ外朝房があり、群臣の朝見のための待合室だったが、今は南は売店、北は頤和園の入場圏売り場や接待室となっている。東宮門前の広場は厳かで封鎖的な感じである。広場の東には赤い影壁があり、屋根は入母屋式で、吻獣（獣形の装飾）はなく、灰色の筒瓦、下部は青灰色の彫刻のある六層の須弥座となっている。影壁の南北両側には弧形の川があり、それぞれ白い石の平らな橋が東西の方向に架かっている。南北両側の白い小橋を通って弧形の川を渡ると東宮門の建物群の外のかなり開けた広場にでる。

東宮門

東宮門の牌楼（東面・涵虚の額）

東宮門の牌楼（西面・罨秀の額）

広場の前方には三門・四柱・七楼の金で画かれた龍と鳳凰のある木の大牌楼（装飾・記念用の建物）が聳えている。この牌楼は東西方向に建っており、屋根は寄棟式、上には六個の吻獣、灰色の筒瓦で、金龍の和璽彩画が描かれている。牌楼の東側の額には「涵虚」とあり、湖面の波が広々としているのを喩えており、西側の額には「罨《えん》秀」とあって山が青々としているのを指している。

これらは頤和園の皇室庭園としての特色を巧妙に示している。牌楼は東から頤和園に入る最初の建物である。東宮門の建物群の起点であるというだけでなく、そこから始まる風景を導く役割も果たしている。

建築空間の構図という点からいうと、万寿山仏香閣が牌楼の柱の間にみえて天然の額縁となっており、牌楼の扁額の文学的イメージと相まって、頤和園の湖や山の美しさを人々に連想させるものである。

二　仁寿殿

仁寿殿の建物群は東宮門の内側にあって、朝廷政治の中心的な区域である。主要建築物の仁寿殿は伝統的な金鑾《らん》殿（皇帝に拝謁する御殿）の形式で建てられており、南北の脇殿、南北の九卿房、仁寿門で構成されていて、晩清の王朝が頤和園で行なう政治のための場所であり、宏大な宮殿群として建てられたものである。皇帝や皇后が在園するときは仁寿殿で臨時に政治が行われ、国務が処理されるわけで絶対的な権威、皇権のシンボルでもあった。ここは皇室の庭園の中でもその機能の特殊性から、紫禁城外での政治を補うものであった。

清朝晩期、仁寿殿は皇帝の長寿を祝う朝賀や外国使節の接見、宴会などの政治活動に用いられて清朝の政治の中心となり、中国近代史の流れを見てきた証人ともいえる。

東宮門内に入ると、奥行きのあまり深くない庭と建物があり、濃い影が一面を覆い、古柏が生い茂っている。南北両側はそれぞれ九つの部屋がある。それは清代の六部九卿が勤務する部屋であり、それで南北九卿房と呼ばれたのである。金と藍色が輝く仁寿門は仁寿殿の建物群の宮門であり、また東宮門から入ると頤和園の第二番目の宮門でもある。乾隆帝が最初に清漪園を造った時は二宮門といわれ、光緒十二年（一八八六年）、再建したときに今の名になった。建物は牌楼門・役所の二の門・寺廟の門を併せた形式で、二柱一楼、寄棟の屋根、上に吻獣があり、金龍の和璽彩画が描かれている。門簪（門の上部、鴨居につけた木製の装飾）の上には満州語と漢文の「仁寿門」の額が懸かっている。牌楼の左右にはそれぞれ青灰色の煉瓦の影壁があって長さ七・二メートル。上部の煉瓦には龍のレリーフがあり、四隅にそれぞれ一つずつ龍の彫り物がある。

仁寿殿

仁寿門を入るとすぐ仁寿殿前の庭院になる。門と向かいあって、壁のようにまっすぐに立った大きな太湖石があるが、この石は形が拱手して身を屈めた老人に似ているので「寿星石」とも呼ばれている。

その太湖石を回ると正面が中心の建物の仁寿殿で、両側は南北の脇殿である。仁寿殿の前の露台の上には、左右の両方に置かれた銅の炉があり、乾隆年間に鋳造されたものである。さらに対になった銅龍・銅鳳凰、銅缶があって「天地一家の春」という文字が鋳込まれている。仁寿殿の前の庭の中央にはさらに銅の麒麟があり、怪異な姿をみせている。庭のあちこちにはくねくねと曲がった蒼い松と独特の太湖石がある。

仁寿殿の寿星石

仁寿殿は清漪園の頃は勤政殿といわれ、乾隆十五年（一七五〇年）に建てられたが乾隆・道光年間に修理され、咸豊十年（一八六〇年）に壊された後、光緒十二年（一八八六年）にもとの状況に合わせて建て直され、併せて仁寿殿と改名された。これは孔子の『論語』の「仁は寿なり」から引用して寓意としたもので、「仁政を施すものはもって長寿なるべし」の意である。

建物は宮殿式で、間口は七間、奥行きは五間、周囲には廊があり、面積は七百七十六平方メートル、高さ五・五三メートル。入母屋造りの屋根、吻獣がある。団龍（円形に描かれた龍の紋）の天井で金龍の和璽彩画（極彩色の装飾紋様）が描かれ、金磚《せん》（金色の煉瓦）の地面となっている。明間（外へ通ずる入り口のある部屋）の外の軒には満州語と漢文の「仁寿殿」の扁額が懸かっており、内側には「大円宝鏡」と書かれた扁額がある。殿内の明間の正面には地平床（寝台状の台）があって、封建時代の皇帝の権力を象徴する九龍の宝座が設けられており、上方には「寿協仁符」の扁額と、

星は紫宸《ししん》（皇帝の居所）に朗らかにして　明かく輝きて北斗に騰《のぼ》る
日は黄道に臨み　暖景は南栄（南の軒）に測《きわ》む

という対聯が懸かっている。仁寿殿の南北の脇殿は間口五間、后罩房（後部にある予備的な部屋）をもっている。

仁寿殿から西、玉瀾堂から東の地は、清漪園の頃は宮廷区域と庭園区域の接点になっていて、皇室の規則により障壁で内と外を厳格に区別する必要があった。そのために築山や石、花木などで壁や囲み廊に代え、空間に隔たりがありながら、かつ見えるようにして庭園の雰囲気を壊さないようにした。仁寿殿の南側から一帯に散在する土盛りや曲がった道を抜けて玉瀾堂の前に出ると景色は豁然として開き、一面の湖光山色が突然眼前に広がる。これは中国古代建築の

放さんと欲すれば先《ま》ず収む

揚げんと欲すれば先ず抑《おさ》う
という造景手法を用いた典型的なものである。

三　玉瀾堂

玉瀾堂の建物群は初め乾隆十六年（一七五一年）に建てられ、玉瀾門・藕《ぐう》香《か》榭《しゃ》・霞芬《ふん》室・玉瀾堂・夕佳楼などがあり、清漪園の時代にはここに書斎があって、皇帝皇后が園に遊んだときの休息所でもあった。乾隆帝は文臣を集めて玉瀾堂で宴を催し詩を賦した。嘉慶帝はここで仕事をしたり食事をしたり、大臣に会ったりした。道光帝は功績のあった大臣に宴を賜った。咸豊十年（一八六〇年）、玉瀾堂は英仏連合軍によって焼き払われたが、慈禧太后は頤和園を再建し、玉瀾堂を光緒帝の居所とした。光緒帝はここで「戊《ぼ》戌《じゅつ》の変法（清末の政治改革運動）」の著名な人物に会っている。戊戌の変法が失敗すると、光緒帝はここに拘禁され、そのため東西の脇殿内は煉瓦の壁が造られ、出入りが遮断された。玉瀾堂の後ろにある敷地は遊覧のためのもので、庭は築山を主景として、東に北太湖石（北京

「玉瀾門」の扁額

産）を積んだ築山、西に二層の建物・夕佳楼が昆明湖に隣り合っていた。すべての建物が清漪園時代の名称がつけられ、配置も形も乾隆時代の面影を残している。

玉瀾堂の宮門は南向き*で間口は三間、中国伝統の四合院住宅にある王府大門の形式で、殿式門とも言われる。

宮門には伝統の蘇州式の装飾模様が描かれている。門簪《もんしん》（門の上部、鴨居につけた木製の装飾）の上部には満洲文字と漢字の「玉瀾門」の扁額が懸かっている。

玉瀾門を入ると正殿が玉瀾堂、東の脇殿は霞芬室、西の脇殿は藕香榭である。それぞれの建物の間は彩色された渡り廊下で通じている。乾隆帝の時は園に来るとここで臨時に公務をとることがあり、そのために玉瀾堂は辦事（事務）殿とも言われた。

正殿の建物は間口三間、明間（出入り口のある部屋）の軒には玉瀾堂の扁額が懸かり、正面は地平床（寝台状の台）で、上には玉座・御机・衝立・団扇など、みな乾隆期の品物が並んでいる。中でも紫檀と沈香《じんこう》で造られた玉座、御机・香机は形もすばらしく、模様が細

玉瀾堂

*中国では「君子は南面す」と言われるように、支配者は南向きに坐し、臣下は北面する。したがって支配者の建物も通常南向きに建てられている。

やかで、名品の名に値し、きわめて貴重なものである。玉座の上方には「復殿留景」の扁額、両側の柱には、

曙光は漸《なが》れて双闕《そうけつ》（宮殿の門）の下に分れ
漏声（水時計の水音）は遥《さまよ》いて百花の中に在り

という対聯が懸かっている。この大柱にある対聯は仁寿殿のそれのように、帝王の天下に対する思いや偉業を打ち立てた意気盛んな心境はないけれども、細かい風景描写や抒情によって、一幅の靄が立ちこめ、花の香りが漂う美しい風景が広がっていて、人々にゆったりとした情感を与えており、これはまた玉瀾堂の名前にふさわしいものである。

堂内の西の間は光緒帝の寝室で、ベッドの上には黄色の幕が懸かり、木製の覆いの上方には手書きの「風篁成韵《フォンホアンチョンユン》」の扁額があるが、これは「鳳凰成孕《フォンホアンチョンユン》」と同音で、皇帝の世継ぎが早く生まれることを待ち望むの意である。東の間の光緒帝の書斎に、特大の大団扇が梁から懸かっているが、これは夏に皇帝が読書しているときに、宦官が綱を引いて揺らし、そよそよと涼しい風を送ったものである。

玉瀾堂の東の脇殿・霞芬室、西の脇殿・藕香榭はともに前後に廊のある通り抜けの建物で、この二つの脇殿の名前を見ただけで命名者の苦心が分かり、霞の匂いが部屋に満ち、蓮の香りが辺りを覆っているのを感じることができる。まして、二つの脇殿の風景を詠んだ対聯、特に藕香榭の後部の軒に懸かった対聯に、

台榭《だいしゃ》（物見台）は金碧の里《なか》に参差《ならび》
烟霞は画図の中に舒巻《じょけん》（出入り）す

とあるのをみればなおさらである。

藕香榭から西を望めば万寿山の上の蒼松・翠柏の中に金と緑の宮殿が並び立っているのを見ることができる。さざ波がキラキラ光る昆明湖の向こうに遠く西山を眺めると、霞のたなびく中に玉泉山が見え隠れしている……。こうした彩り豊かな絵が一対の小さな対聯の中に凝縮されている。対聯や詩の文学描写と建築の巧妙な配置が、固定化した山水空間を広げ、人々の限りない想像をかき立てる雰囲気をつくり出し、相乗的な効果を生み出している。玉瀾堂の内庭の四面は回廊によってそれぞれの建物が連結され、一本の絹帯のように次々と続いている。

玉瀾堂の建物は非常に素朴で皇室の庭園全体の環境の中では目立たないが、ここは頤和園に来る人必見の場所である。人を惹きつけるのは道光年間にここで挙行された大規模な「千叟の宴」ではなくて、わずか三十八歳までしか生きなかった光緒帝が慈禧太后によって幽閉され、ここで余生を送った事実である。ここはしたがって中国の歴史上、特に有名な「戊戌の変法」の証人ともいえる場所で、現在、玉瀾堂の中に、でこぼこした床が残っているが、これは当時悲憤にくれた皇帝が長期間、家の中を動き回り、ステッキで床を叩きつけてできたものだと言われている。

宜芸館

四　宜芸館

宜芸《ぎうん》館の建物群の入り口は宜芸門、正殿は宜芸館で南向きに建っており、東の脇殿・道存斎、西の脇殿・近西軒と同様に正面は五間の広さである。内庭の南の東西両側に壁付きの「丁」字形の廊下があり、宜芸門と北の東西両側には回廊があって建物を繋いでいる。敷地はもと玉瀾堂と通じていたが、戊戌の政変の後に遮断された。

正殿の宜芸館は乾隆帝によって名前がつけられた。「芸《うん》」は一種の香草で、虫除けの効果があり、古くはこの草を栞にして紙魚《しみ》を防いだ。宜芸館は蔵書に適していて、清漪園の時代にはここは皇帝が蔵書し読書する場所で、内庭の南の壁には、昔の著名な書家、顔真卿や趙孟頫《ふ》などの作品を乾隆帝が臨書したもの十枚が嵌めてあり、今でも完全で非常に高い鑑賞価値がある。

光緒年間、宜芸館は隆裕皇后の居所であった。光緒帝と隆裕皇后の結びつきは慈禧太后が政治的利益のために仕組んだもので、二人の家族は切っても切れない縁戚関係にあった。光緒帝は慈禧太后の妹の息子、隆裕皇后は慈禧太后の弟の娘であった。しかも昔の写真から見るに、光緒帝は文弱といえども眉目秀麗の男前だが、隆裕皇后はとても美人とはいえず、二人は釣り合いがとれていない。最高の地位にある皇帝といえども封建的家長制の束縛を受け、少しも感情的基礎のない結合を強いられ、政略結婚の犠牲者になったわけで、二人にとっては大きな悲劇であった。

幸福とは少しも言えない隆裕皇后は中国の封建社会の最後の皇后であり、一九一二年、彼女は清王朝を代表して退位を宣告し、清王朝の二百六十余年にわたる中国統治を終わらせた

光緒帝と隆裕皇后

が、これは同時に中国封建社会の終結をも意味していた。

宜芸館の東脇殿と西脇殿はそれぞれ道存斎と近西軒である。道存斎はその名のとおり、道教に対する尊崇を表しており、それゆえにここにある対聯もことのほか清幽で悠然たるものがある。

緑竹は陰を成して曲径を環《めぐ》り　朱欄（赤い手すり）の倒影は清池に入る
霏《ひ》紅（紅が飛びちる）の花径は雲と和《とも》に掃《は》かれ　新緑の瓜畦は雨に趁《したが》って鋤《す》かる

一片の田園風景である。清漪園の頃は道存斎の東側に大戯台はなく「怡春堂」という名の建物があった。この二つの建物の名称や対聯から、この皇室の庭園が建てられた最初の頃の環境を知ることができる。しかも宜芸館の西は昆明湖に面し、園外の西山は近く目の前に見えたところから、西の脇殿は近西軒と名付けられたわけで、懸かっている対聯もみな風景を描写したものである。

五　楽寿堂の建物

楽寿堂は初め乾隆十五年（一七五〇年）に建てられ、もとは二層、前後に別棟があり、中に仙楼（仏を安置する建物）が設けられていた。清漪園時代は楽寿堂は居住の場所ではなく、楼の下は書斎、上は大量の仏像が安置してあった。この建物は英仏連合軍によって焼き払われた後、光緒十二年（一八八六年）に再建され、現在の一層となり、平面は「十」字形で、「内寝（日常居住の部屋）」が中心であり、前後に二つの中庭、左右に跨院（横庭）をもった大型の四合院の屋敷で、庭の中は低い回廊で各建物を繋いで空間を分けている。敷地全体は水木自親宮門・楽寿堂・後罩殿（後部にある雑務・予備の建物）・東西の脇殿、東西の跨院、回廊および値房（官員の控え部屋）などからなっている。再建された建物の規模は最初の時のものより小さいが、平面を縦横に柔軟に仕切り、屋根は前後勾連とう搭（前後にむね棟が並ぶ）形式を採用して、ゆったりと調和した建物となっている。楽寿堂の前には銅の鹿・銅の鶴・銅の花瓶を対称的に並べ、庭にはハクモクレン・カイドウ・ボタンが植えられ、清々しく品があり、かつ生活感のあるものとなっている。

水木自親

水木自親（湖と山が人に近いところにある意）は楽寿堂の宮門で、昆明湖すぐそばの五間の通り抜けの殿宇である。門の前には石の彫刻の柵のある埠頭があって、慈禧太后が水路から頤和園に入り、船を乗り降りする場所であった。

埠頭の上には高さ一丈（三・三メートル）余り、上部連接部が半円形の灯柱が二本立っていて、夕方の点灯時には水面が輝き、空に月が懸かっているように見える。宮門の両側にはぞれぞれ長い白塗りの土壁があり、その上にはいろんな形のガラスが嵌め込められた明かり窓があり、各種の窓枠から南を見ると、さまざまな味わいある湖の風景が絵のようである。湖の護岸堤には大理石彫刻の柵があり、彫刻のある柵と白い壁が青い波に影を落として、山の風景と相まって、明るくて美しく、特別の風情がある。

水木自親の宮門を入ると、すぐに楽寿堂の前のひろびろとした庭にでるが、巨大な石「青芝岫《ゆう》（岫は山）」が飾られていて、それが自然に宮門内の影壁（門外から中が見えないようにした壁）となっている。

楽寿堂の建物の上部に高々と懸けられている「楽寿堂」の扁額は光緒帝の揮毫になるものである。中に入ると中央に紫檀に龍をほった玉座・御机・団扇それに象牙と螺鈿をはめ込んだ紫檀とガラスの屏風がある。両脇には康熙朝の染め付けの大きな果物鉢が並んでいて、これは果物を盛り付けて、その天然の香りで部屋にいい香りが漂うようにしたもので

楽寿堂

ある。

楽寿堂は柱と柱の間が広く、その数も多く、東西に横庭をもっていて、頤和園内の居住区で最高のランクの建物である。ここは裏が山、前が湖である。後ろは青々とした山に拠り、前はひろびろとした湖水で風景絶佳、さらに楽寿堂の東西両側に脇殿があって、通り抜け形式になっている。西の脇殿を出ると長廊の入り口・邀《よう》月門（邀は迎えるの意）があり、東の脇殿を出れば、廊を抜けて徳和園の頤楽殿と皇后の住居の宜芸館の後門に行くことができて、朝政を行うにも、劇を見るにも、湖で遊ぶにも、園内を散歩するにも非常に便利である。慈禧太后は毎年二月にはやって来て、時には十一月になってやっと故宮に帰るほどで、彼女は晩年ほとんどすべてをここで過ごした。

永寿斎は楽寿堂の東の横庭にあって、慈禧太后の寵臣の太監（宦官の長官）・李蓮英がここに住んでいたので、俗に総管院と言われた。その建物は一つの独立した屋敷で、永寿斎の正殿・前殿、東の脇殿、脇部屋および東の横庭からなっていた。西側の壁には垂花門（上に飾り屋根のある二の門）があっ

永寿斎

て楽寿堂と通じていた。この建物は光緒十七年（一八九一年）に建てられ、楽寿堂の補助的な生活用の部屋であった。庭の南には八角屏門（八角形の入り口をもった板扉の門）があり永寿斎の前殿に面し、前殿の後方は永寿斎の正殿であった。

正殿は南向きで、屋根は勾連搭双巻（丸棟が前後に並ぶ）の両流れ式で、東側には両流れ屋根の脇殿があり、その前には井戸が一つあった。東には別の小さな横庭があり、そこには両流れ屋根の五間の正殿が西向きにあった。南北にはそれぞれ脇部屋があった。

揚仁風は楽寿堂の西の横庭にある。西の横庭は静かで趣のある小庭で、門の形は満月に似ていて、庭には「凹」形の蓮池があり池にそって朱色の柵があり、白壁が山にそって曲折を見せ、築山に積んだ石が起伏をつくって、江南の庭園の風景にきわめてよく似ている。小庭の南口は長廊の邀月門に隣接し、東の壁には垂花門があって楽寿堂に通じている。庭の北端の高いところに小殿があって、これが揚仁風である。その名は『晋書・袁宏伝』から来ていて、――袁宏は某地に官吏として派遣されることになり、謝安は扇を贈って送別とした。袁宏はその意味をすぐにさとって、自ら「仁風を揚げる」よう慎み、庶民を慰撫して期待に背かないといったという。揚仁風は南向きで屋根は寄棟造、高さは二・九九メートル、建築面積はわずか七十四・七平方メートルである。小さな殿宇は扇形に造られ、扇面殿とも言われるが、その飾り窓から殿内の玉座、香机（香炉を載せる机）、宮灯などすべてが扇形で、殿前の地面も大理石を使って扇の骨のように造ってあり、独特なものがある。遠くから眺めると揚仁風はちょうど折りたたみ式の扇子のようで非常に興味深い。

六　徳和園の建物

徳和園の建物は仁寿殿の西北にあり、初め光緒十七年（一八九一年）に建てられ、前後に四つの敷地がある。三層の大戯楼を中心に、園門・大戯楼・看戯廊・頤楽殿・後罩殿・脇殿・後垂花門などの建物が順序よく一本の南北の軸線をなし、この線と万寿山東麓の尾根にある景福閣の中軸線が重なってお互いに楼閣を望むことができ、お互いを引き立てている。

徳和園の大門は間口一間、両流れの屋根で南に向いている。門内は第一の敷地で、東南と西南にそれぞれまとまった部屋が「L」字形に造られていて、建築面積は四百七十一平方メートル、両流れの屋根である。

大戯楼は二番目の敷地にあって徳和園の中心的建物である。戯楼の高さは二十一メートル、三層に分かれていて丸棟の入母屋の屋根で、北向きである。下層の舞台は幅十七メートル、中層は幅十二メートル、上層はそれよりやや小さい。舞台の基壇の高さは一・二メートルで、東西にそれぞれ三つの大理石の通気孔がある。下層の舞台の後ろには間口三間の仙楼（屋内楼閣）があり、舞台とは四つの仙橋で繋がっている。大道具小道具での演出や演技唱歌の効果を高める必要から下層の舞台の下には煉瓦井戸が掘ってある。井戸の東・西・北にはさらに五つの池が掘ってあって、演技の時の水を使ったマジック効果や、水音を使って演技唱歌の共鳴効果を高めることができる。それに対して中・上層の戯楼の上には五つの滑車が用意されていて、上演の際には上下に動き、水を使ったマジックや雑技の道具類とともに使われ

大戯楼

る。舞台の後ろには二層の更衣・化粧用の建物が隣接している。この建物は五間あって、後ろに三間、高さ十二メートルの別棟があり舞台と緊密に繋がっている。

頤楽殿は大戯楼に面していて看戯殿とも言われる。前後に廊があって間口七間、南向きである。入母屋式の屋根で、軒外の金柱の木枠に、満州語と漢文で「頤楽殿」と書いた扁額が懸かっている。北京図書館の地図部が珍蔵している徳和園地区の見取り図を見ると、この大殿の最初の設計では二層であったが、実際には現在の一層に改められた。しかし慈禧太后の好みや要求に合わせるため、もとの設計を縮めることなく、かえってさらに高く大きく、華麗なものとした。看戯廊は頤楽殿の東西両側にあって合計三十八間ある。廊は両流れ式屋根で、一九五〇年、

頤楽殿

廊に戸や窓をつけて部屋とし、今は展示室となっている。

慶善堂は徳和殿の三番目の敷地にあって間口五間、南向きで入母屋式の屋根、堂の東西両側には三間の入母屋式屋根の広間がある。

堂の前には東西に両流れ式屋根の脇殿がある。堂の東西両側には横庭があり、そこにはそれぞれ両流れ式屋根の建物二間がある。慶善堂の後ろは各種建物のある四番目の敷地で、徳和園の一番後ろの敷地であり、東西両側にそれぞれ両流れ式屋根の脇殿がある。

膳房は光緒年間に建てられたが、これはもっぱら皇帝皇后の料理を作る厨房で、園内に二つある。慈禧太后専用の厨房・名寿膳房は徳和園の西にあり八つの屋敷からできていて、東八所とも言われた。光緒帝専用の厨房は御膳房と言われ、

慶善堂

仁寿殿の南の脇殿の南側にあったが一九四二年に壊された。

七　長廊

長廊は万寿山の下を東西に貫く彩色画のある廊で、中国の庭園の中で最もすばらしいものの一つである。この廊は昆明湖と万寿山の間にある楼・台・亭・閣・軒・館・舟・榭（高殿）を有機的に繋ぐ一本の美しい吹き流しのようである。楽寿堂西にある邀月門から西に向かって石丈亭まで、合計二百七十三間、全長七百二十八メートル、廊の中間には春・夏・秋・冬を象徴する留佳、寄瀾、秋水、清遥の四つの八角の二重屋根の亭が建っている。

長廊は万寿山南麓の地勢の高低にそって起伏変化し、昆明湖北岸の出入りにそって湾曲している。設計者は廊の間の建物を高低や方向を変える連接点としてうまく利用して、長廊がまっすぐすぎたり長すぎたり、地勢によってでこぼこしたりするマイナスを避け、曲がり、延び、変化する廊の形式を造り出している。長廊の上の横柱の上には大小さまざまな蘇州式の絵一万四千余幅が画かれている。内容は西湖の風景・山水・人物・花卉などである。人物画の大多数は中国の古典文学で有名な『紅楼夢』『西遊記』『水滸伝』『三国演義』『聊斎志異』『封神演義』の物語で、そのために長廊は一つの長い芸術画廊ともなっている。一九九〇年、長廊は傑出した建物と豊富華麗な絵で「ギネス世界記録一覧」に入れられた。

頤和園のすばらしい山水のなかで、長廊はデザインが独特の作品であり、中国北方の廊の豪華な気品と、南方の廊の典雅の両方を兼ね備えており、皇室の威厳・気品ももちあわせ、中国庭園建築の最高水準をゆくもので、頤和園内の名品ともいえる建物である。長廊は陽光や雨を避けることができると同時に、万寿山と昆明湖を緊密に繋いでいる。排雲殿を中心として東西の方向に延び、万寿山南側の上下の建物群を繋いで、その長さと仏香閣の高さが、遙か遠くから相呼応してみえる。

類型からいえば、長廊は両面が開いた廊に属し、景観が見通せる。空間効果からいうと、空間を分割する効果をもっている（この点で西堤と似ていて、西堤は湖面を分け、長廊は山と水を分けている）、と同時に庭園の空間を有機的に移行させる効果をもち、空間の変化と多層性に富むものとなっている。古典庭園の基本的建築類型の一つとしての游廊はその長さも中国庭園中の長廊の最高であり、廊の中の色彩画の豊富さも中国古典庭園の中で独自のものである。ある記録によれば、乾隆帝は如意館（円明園にあった）の絵師を杭州の西湖

長廊の彩色画『封神演義』

德音汪濊

に派遣して実写させ、西湖の風景五百四十六幅を手にしたが、重複していたり杜撰なものはなく、その後、絵をこの二百七十三間の長廊に移し、この北方の庭園建築に江南の庭園の風情を取り入れたのであった。長廊の中を歩くと庭園の風景が移り変わっていく、というような芸術効果を感じ取ることができる。廊の外は水と山の光溢れる風景があり、廊の中は梁や棟に絵が溢れて見るのも忙しいほどで、まるで一幅の連続して展開する美しい山水画の長い巻物のようである。

八　排雲殿――仏香閣の建物

排雲殿――仏香閣の建物群は、すべての庭園建築の規模・形態という点からいって最高のものである。すべての建物が南向きで、一本の中軸線で貫かれ、中軸線の両側の建物は対称的な配置で、建物は黄色の瑠璃瓦と赤い外壁で飾られており、中国の昔の帝王の至高無上の権威と地位を顕彰するものである。乾隆帝の時代には、御苑の中では、仏寺や神廟は瑠璃瓦を使っていいが、それ以外の離宮や別苑は一切瑠璃瓦を使ってはいけない、という規定があった。排雲殿の建物群はこの規定に違反している唯一の例で、主殿も脇殿もみな黄色の瑠璃瓦の屋根である。

清漪園時代、万寿山の中央は乾隆帝が母親の長寿の祝いに建てた大型の仏寺「大報恩延寿寺」であった。大報恩延寿寺は、山の傾斜にそって階段状の台地となっていて、湖岸から山頂まで牌楼（装飾・記念用の建物）・天王殿・鐘楼・鼓楼・大雄宝殿・多宝殿・仏香閣・衆香界・

智慧海などの建物が並んでいた。

咸豊十年（一八六〇年）、これらの建物は破壊され、智慧海・衆香界・宝雲閣・転輪蔵および石台・石経幢・石獅以外は、全部一面の廃墟と化した。光緒十二年（一八八六年）、ここに排雲殿を中心にして、慈禧太后の長寿の祝典専用の一連の殿堂が建てられた。清漪園時代、全体が単に仏寺だったものを改築して仏寺・朝堂・居住可能な建物の混合建築とした。

清漪園、大報恩延寿寺前の牌楼

排雲殿――仏香閣の建物群俯瞰図

「雲輝玉宇」の牌楼は万寿山中軸建築群の起点で、南向き、四柱七楼で高さ三・八一メートル。寄棟と切妻の屋根。正楼の大扁額には「雲輝玉宇」とあり、後ろの軒の扁額には「星拱瑶枢」とある。牌楼の北には間口五間の排雲門があり、黄色の瑠璃瓦の屋根で入母屋式、南向きである。門前には清漪園時代にはもと一対の灰色の大理石の獅子があったが、頤和園を造るときに円明園から一対の銅の獅子を持って来て据えたものである。銅獅子の両側には十二支をかたどった太湖石が対称に配列されているが、これは暢春園の遺物である。

玉華殿、雲錦殿はそれぞれ清漪園時代の大報恩延寿寺の鐘楼と鼓楼で、排雲門内の最初の敷地の東西にある。敷地の中心は清漪園時代からある長方形の池で、上に単孔石拱橋（アーチが一つの橋）が架かっている。玉華殿、雲錦殿は間口五間で入母屋式の屋根である。排雲門から東に向かいさらに北に行くと玉華

「雲輝玉宇」の牌楼

殿、西に向かいさらに北に行くと雲錦殿があり、それぞれ廊で繋がっている。玉華殿、雲錦殿から北に向かい二番目の敷地まで、上りの廊が繋がり、両殿ともに後ろに両流れ式屋根の値房（控え部屋）がある。

排雲門の最初の敷地内の石橋の正面に第二の宮門があり間口三間、入母屋式の屋根で、門には「万寿無疆」の扁額が掛かり、

宝祚（天子の位）疆《きわまり》無く　万年茀禄《ふつろく》（幸福）を綿《つら》ぬ
天顔に喜び有り　四海蕃厘（多福）を慶ぶ

という対聯があって、排雲殿の役割が「万寿聖典」を祝うためのものであったことを明確に示している。

二宮門

排雲殿は二の門の中にあって、各種建築物の主殿である。その名は晋代の詩人・郭璞の「神仙は雲を排して出で，但に金銀の台を見る」という詩句から来ている。南向きの建物で間口五間、入母屋式の二重屋根である。「排雲殿」の扁額の下には対聯があり、

松岳の大雲　九如（祝詞）を垂れて頌を献じ

瀛洲《えい》（仙人のいる山）の甘雨　五色を潤して祥を呈す

とあって、祥雲が徳を頌え、甘雨が瑞を献ずるといったこの世の仙境を描いている。殿内にはさらに二つの対聯がある。

疊石は璚巒《けいらん》（玉石の山）を起こして山之寿《ことほぎ》の如く
引泉は玉液（仙薬）を通し沢《めぐみ》有りて皆春なり

佳き靄《もや》は彤闈《とうい》（朱塗りの城門）に集まりて　花皆寿《とし》を益し
祥《めでた》き光は紫禁に凝《あつ》まりて　樹は恒春を尽くす

これらは排雲殿が「慶寿」の主旨のものであることを重ねて言っているのである。排雲殿の前には大理石の欄干で囲った三方に階段のある広い台があり、その上には対になった銅の龍、銅の鳳凰、銅の鼎が並べられ、台の下の両側には対称させて四つの銅のかめ缸が置いてある。

排雲殿の東の脇殿を芳輝、西の脇殿を紫霄《しょう》といい、それぞれ間口五間である。両脇殿には回廊があって排雲殿に繫がっている。排雲殿の東西の横庭にはそれぞれ三間の入母屋式の建物があり、南を向いている。

排雲殿の後ろには石台があり、その上に徳輝殿が建てられており、間口五間で入母屋式の

排雲殿

屋根である。排雲殿の東西両側には上りの廊があって、徳輝殿・紫霄殿・芳輝殿を繋いで一体としている。徳輝殿の中庭には東西、それぞれ間口三間の両流れ屋根の部屋がある。みな南を向いている。

介寿堂と清華軒は排雲殿の建築群の東西両側にあるが、光緒年間に建てられたものである。介寿堂は南向きの一つの四合院で、中の建物はすべて両流れ式の屋根で、光緒年間に清漪園の慈福楼の跡地に新しく設計して建てられたものである。乾隆期に建てられた慈福楼は高く二層で正殿は間口五間、後照殿は間口三間で、皇帝皇后が焼香するときの休憩所であった。新しく建てられた介寿堂は前後に敷地があり、東西に横庭があり建築形式はかなり変化した。介寿堂の南の入り口は、尖った棟と丸い棟の並ぶ切妻式屋根の垂花門（二八六頁参照）である。正殿の介寿堂は間口五間、東西に脇部屋をもっている。堂の前面に「介寿堂」の扁額が掛かっている。正殿の東西にそれぞれ脇部屋が繋がっており、東西両サイドに脇殿がある。介寿堂の後ろの敷地の北殿は間口五間、東西に脇部屋をもち、また東西に脇殿がある。西の横庭には三間の北房があり、東の横庭には十三間の西房がある。介寿堂外の東にはさらに九間の建物があり、東向きである。

東側の介寿堂と対称にある建物は清華軒で清漪園時代、ここには杭州の雲林と浄慈寺になら倣って建てた仏寺があって五百羅漢堂といった。平面は「田」の字形になっていて、南・東・西の三つの門があり、前には八角形の小さな池があって、堂の東には亭があった。一八六〇年、英仏連合軍によって焼かれ、光緒期には二つの四合院形式の居住用の建物ができた。清華軒の形式と役割は昔とは大きく変わったが、前庭の丸い池と白石の橋、それに東庭内の五百羅漢堂の構造と乾隆帝のジュンガル部反乱の平定を記録した石碑は乾隆期のままで動かされていない。清華軒の名は謝混の『游西池』の「水木は清華を湛う」という詩句から来ており、屋敷の精緻な垂花門の両側にはさまざまな形の飾り窓が嵌められていて濃厚な庭園の雰囲気を出している。

清華軒の垂花門は長廊の北側に近く南向きである。垂花門を入ると小さな四合院があって、中庭の真ん中に丸い池があり、その上には南北方向にアーチが一つの花崗岩の橋があり、雲形模様の支柱に平安如意の模様が透かし彫りになった欄壁になっている。橋を渡るとすぐ正殿の清華軒になる。清華軒は南向きで間口五間、東西両側にそれぞれ脇部屋二間がある。正殿の前の東西に脇殿があり、中庭の各所に廊があって繋がっている。第二の敷地の四合院は前の敷地のものよりやや小さく、北殿は五間、東西の脇部屋と東西の脇殿がある。東の横庭には三間の北房（房は部屋の意）がある。庭内の石碑の亭は東向きで間口三間、入母屋式の屋根である。亭内には石碑があって乾隆帝がジュンガル部の反乱を平定した経過が記され、これは中国とロシアの国境の有力な証拠となっている。清華軒外の西側には九間の建物があって西向き、今は食堂になっている。

仏香閣は万寿山の南側の中心的位置に聳え立っている。最初は乾隆十五年（一七五〇年）

仏香閣

に建てられ、咸豊十年（一八六〇年）戦火に遭い、光緒帝の時期にもとの形に従って再建されたもので、頤和園全園の中核的な建物であり、乾隆・嘉慶・道光・咸豊の四帝が仏を礼拝する場所であった。皇帝が仏を拝む前に寺中のチベット仏教の僧が先に水を撒いて掃除し、礼拝時には鐘が鳴り響き、僧が一斉にお経を唱え、寺院内の香炉から煙が立ちこめて、仏国の仙境にいる思いを与える。

衆香界は仏香閣の北側にあって、初め乾隆年間に建てられたもので、黄色の瑠璃瓦の入母屋式屋根の牌楼（装飾・記念用の建物）である。この牌楼は南向きで、四柱七楼、間口が三間、三つのアーチの通路があり、高さ五・一三メートル、台基は大理石を積んだもので、須弥座（台座）がある。前の庇のところには「衆香界」、後ろの庇には「祇樹林」の石の扁額が掛かっている。瑠璃の牌楼と排雲門が遙かに相対し、赤い壁が連なり、排雲殿や仏香閣などの建物全てが赤い壁で囲われている。

智慧海は衆香界の北の万寿山山頂にあって、乾隆年間に建てられた二層の宗教的建築物である。この建物は木造に似せて造られており、質朴な造りだが全部煉瓦と石を積み重ねてつくられ、木の梁で支えられていないことから「無梁殿」とも称されている。南向きで間口が七間、

五色の瑠璃瓦が使われ、入母屋式で、中心の棟の上には五つの塔がある。外壁はすべて黄色と緑の瑠璃瓦で覆われ、屋根は紫と藍色が交互に使われ、豊かで調和した建築彩色となっている。前の庇のアーチ門の上には「智慧海」、後ろの庇のところには「吉祥雲」の石の扁額がある。須弥座式の壁の表面には何列もの精緻な瑠璃の小仏像が嵌められている。殿内の最初の敷地は門の通路で、第二の敷地には中央に観音菩薩像、東に韋駄天、西に天王がある。第三の敷地の正面は石のアーチ門で、東に文殊菩

薩、西には普賢菩薩が安置されている。

衆香界と智慧海はその煉瓦と石の構造のために咸豊十年の兵火の中で難を免れたが、殿内の木製の仏龕は全部破壊された。光緒十四年（一八八八年）に衆香界の瑠璃の牌楼と智慧海の瑠璃殿が新しく建て直された。光緒二十六年（一九〇〇年）、八カ国連合軍が北京に侵入したとき、智慧海の外壁にはめ込まれた小さい仏像の頭部が少なからずたたき壊された。

敷華亭と擷秀亭は仏香閣の東西両側の築山の石の上にあり、光緒年間に建てられたものである。東が敷華亭、西が擷秀亭で両方とも上部が尖った二重屋根の建物で、周囲には石の欄干があり、下には石洞があり、

衆香界

智慧海

東は転輪蔵、西は宝雲閣に通じている。

　転輪蔵は敷華亭の東南にあって頤和園の中で現存する数少ない乾隆年間の建物で、咸豊十年（一八六〇年）、英仏連合軍が清漪園を焼き払った時、幸いに難を免れた。転輪蔵は仏教建築で南向き、正殿と廊で繋がれた二つの脇亭からなっている。宋代杭州の法雲寺の蔵経閣の様式を模しており、正殿は瑠璃瓦の尖り屋根が三つ繋がった形をしている。脇亭はそれぞれ上下二層で、中に木製彩色の四層の転輪蔵の経棚があり、この木の棚を回すとお経を誦んだことになるもので、仏具の「転経筒」に似ているところから転輪蔵の名がある。

　正殿と両翼に囲まれた庭の真ん中

転輪蔵と万寿山昆明湖

に頤和園で最大の石碑――万寿山昆明湖碑が立っている。全体で九・八七メートル、台座は六層の腰細形で、中間の腰部には仏像のレリーフ、周囲には龍紋のレリーフ、最上部には唐草龍紋、真ん中に宝珠があり、大きくて彫刻は精美である。この碑は乾隆十六年（一七五一年）に建てられ、碑文は四面とも陰刻で乾隆帝の揮毫である。表には楷書で「万寿山昆明湖」の六字が大きく書かれ、裏は昆明湖を浚渫し水を通した経緯『万寿山昆明湖記』で、両側は乾隆帝の書いた詩である。

　五方閣は仏香閣の西側、転輪蔵と対称の高くて大きい台基の上にあり、乾隆年間に建てられ、咸豊十年壊され、光緒時代に再建された。五方閣は宗教建築であり、平面は密教「曼荼羅」を象徴した配置となっている。「曼荼羅」は仏教中の本義「万徳円満」の境地を表し、多くの仏神が集まる場所である。五方は仏の世界における東・西・南・北・中の五つの方位のことで、敷地内の真ん中と四つの方位の建物は曼荼羅上の仏・菩薩がいる場所である。清漪園の頃は殿内に釈迦牟尼仏や五方仏など多くの仏像が安置され、敷地の北側の石垣の上には巨大な蓮華の枠の「威徳金剛護法変相」の大きな刺繍の像が掛かっていた。毎年冬至になるとチベット仏教の僧が殿の周囲を廻って誦経し、皇帝皇后の福を祈った。

　五方閣の建物群は南向きで、前は水、後ろは山、地勢は高く広く、環境は静かで、整った敷地である。全体の建物が山勢に従って南から北に高くなっており、宮門は南向き、門前には大理石の影壁（門外から中が見えないようにした壁）がある。影壁の北側には四柱三楼の石の牌楼があり、高さ三・八三メートル、上には乾隆帝の揮毫が彫られた額と対聯が掛かっている。牌楼の前にも四メートル余りの高さの石壁があり、もとは大理石の模様を利用した天然の山水画だったが、今はぼやけてよく分からない。

正殿、脇殿、角亭および回廊で囲まれた四角な中庭には銅で造った宝雲閣がある。この宝雲閣は乾隆二十年（一七五五年）に建てられたものだが、中国伝統の撥蝋法《はつろう》（蝋と粘土で型を作り、銅を流し込んで蝋を取り除く方法）によってできたもので、現存する精巧な技術による重量の大きい青銅鋳造品の一つである。

閣の平面は四角形で、入母屋式の二重屋根の上部に仏塔形の宝頂が乗っており、北側には「宝雲閣」の銅の扁額がある。四面には菱花の門窓があり、四隅にはぞれぞれ一つ銅の鈴がついている。宝雲閣の梁・柱・角材・垂木・斗拱、屋根瓦・宝頂・門窓から扁額に至るまでみな銅を鋳造したものだが、その形式や尺寸、工芸の精密さは木の構造とまったく同じである。殿内の入り口の壁には当時の監督大臣とすべての職人の名前が彫られている。咸豊十年、英仏連合軍が清漪園を焼き払ったが、宝雲閣はその銅鋳という材質のために難を免れた。二百余年来、宝雲閣は風雨の浸食と帝国主義の侵攻を経てきたが、まさに世の有為転変を知り尽くしているというべきだろう。

宝雲閣

九　画中游

画中游は乾隆年間に建てられ、光緒期に再建されたもので、建物は高低さまざま、絵のような風景である。画中楼・澄輝閣・愛山楼・借秋楼および石の牌坊（人物を顕彰するなどの目的で建てられた建物）からなり、万寿山の南側西南の坂道が折れ曲がったところにあり、地勢は高く広く、視野が開けて景色がよい。建物は楼閣が中心で、それを引き立てる亭や台があり、山を上下する廊をもって対称的に構成され、互いに邪魔することなく景観が次第に変化拡大していく。ここには大量に石が積み重ねられ、まわりに松柏を植えて、山地の小庭園の特色を出している。

画中游には四つの主要な建物があるが、突出しているのは中軸線最南端の二層の亭式の広々とした澄輝閣で、建物群全体の主体となっている。澄輝閣は南向きで平面が八角形の閣の形で、上部が尖り、八つ棟《むね》の二重屋根で、険しい山の斜面の上に建てられ、前後の高低差が約四メートル、下層の柱は山石の起伏にそって長短さまざまである。南に面して「画中游」の扁額が掛かっている。ここは広く開けていて、東、西、南の三方は欄干からの眺望がよい。青山に塔の影、堤や島や湖があり、深遠茫漠としていて、縦の柱と横木の欄干で一つ一つが精緻な額縁となり、まるで絵の世界のようである。

澄輝閣の後方は自然に露出した岩の上に積み上げられた築山があり、巧妙に配置された石と閣、楼が緊密に関連して上下に続く曲がった道を構成し、この山地に建てられた建物の情

画中游の中の愛山楼

趣を深いものにしている。築山の北にある石の牌坊を通ると、山を登る廊に囲まれた中庭に至るが、ここの主体は細かい技巧がすばらしい画中游で、全体の建物の最北端にある。画中游は間口三間、南向きで入母屋式の屋根である、東西両側にはそれぞれ上りの廊があり、東は愛山楼に繋がり、西は借秋楼に繋がっている。石の牌坊は寄棟造の屋根で、高さ三・一九メートル、南北両面に額があって画中游にいることが感じられる。身は画中游にあって、目の及ぶところは山水が絵のように美しく、清々しいものを感じて仙境に漂っている感じがする。

十　清晏舫

寄瀾堂の西北、昆明湖の西北の隅にあり、乾隆年間に建てられたもので、もとは石舫といい、江南の庭園の「舫《ほう》（舟）」式の建物を模している。全長三十六メートル、船体は巨大な石を削ってつくったもので、上には中国の伝統様式の木造の舟の客楼があり、前・中・後の客室に分かれ、後部客室は二層になっている。

光緒十八年（一八九〇年）に改修したときに、中国式の客室を西洋式に改め、名前も清晏舫に変えた。南北方向に据えられていて、頭は北向き、船尾は高く跳ね上がって二層、全部で十六間の部屋である。船の上の洋式の部屋には西洋絵画がある。第一層は南四間で第二層は北に四間で、色のついた模様ガラスの窓、その他はアーチ形の窓である。第二層の腰掛けには背もたれがある。船の北側には門が一つある。

荇《こう》橋は清晏舫の北側にあり、乾隆年間に建てられ、光緒年間に改修されたもので、三つの

清晏舫

荇橋の橋亭

アーチをもつ石橋である。橋の名前は水中の荇藻（アサザ）から来ており、東西方向に万字河にかかっている。橋の亭は間口三間、上部が尖った方形の二重屋根である。花崗岩の橋基があり、亭の柱の基礎部分にはそれぞれ二つ石の獅子がある。

十一　南湖島――十七孔橋

南湖島――十七孔橋の建物群は、十七孔橋が結ぶ東堤の廓如亭と昆明湖中の南湖島からなっていて、島・橋・亭が一体となり、万寿山と遙かに呼応している。廓如亭は乾隆期に建てられ、光緒年間に改修された。亭は南向きで平面は八角形なので八方亭の名もある。廓如亭は頤和園ないし中国の同類の庭園建築の中で最大の亭の建物で、伸びやかで安定した形であり、雄渾な勢いをもっていて壮観である。

十七孔橋は乾隆年間に造られ、光緒期に改修された。長さ百五十メートル、幅八メートル、十七個のアーチを繋いで造った橋で、頤和園最大の橋である。橋体は青灰色の石、欄干は大理石、欄干の柱の上には表情の異なる大小さまざまな石の獅子五百四十四個があり、有名な盧溝橋の獅子と美を競っている。橋の両端には四つの石刻の珍獣、勇猛で生き生きとしている。橋の中部のアーチ孔の南側には「修蝀《とう》(虹)

南湖島――十七孔橋の建物群全景

凌波」と書いた石の額があり、対聯には、

烟景は瀟湘《しょうしょう》（湖南省の河名）を学んで細く
雨軽くして暮嶼《しょ》（島）を航す
晴光は明聖に総《あつま》りて軟かく
風新たにして春堤に柳《あつま》る

と書かれている。北側には「霊鼉《た》（鰐）偃月」の石の額、対聯には、

虹は石梁に臥して岸は引《の》び
長風は吹いて断たず
波は蘭槳《しょう》（櫂）に回りて影は翻《ひるが》えり
明月は還望（帰る方向）を照らす

とある。

南湖島は昆明湖の南部にあることからその名がついた。島の平面は楕円形、東西百二十メートル、南北百五メートル、面積は一ヘクタールである。島の

周囲は巨石を積んで岸壁とし、青灰色の石に彫刻した柵で囲っている。島は北半分は林がおもで、南半分は建物である。乾隆年間に島に広潤霊雨祠・鑒遠堂・澹会軒・月波楼・雲香閣・望蟾《せん》閣が建てられた。嘉慶年間に三層の望蟾閣を壊して、単層の涵虚堂とした。咸豊十年（一八六〇年）には島の建物はひどく壊されたが、光緒期に建て直された。

南湖島の東端の広潤霊雨祠の前の小広場には東、西、南三方にそれぞれ牌楼があり、みな四柱三楼で衝天（天を衝《つ》く）式である。三つの牌楼は乾隆年間に建てられ、光緒期に改修された。一九五一年には傾いて危険な東西の牌楼が壊されたが、一九八六年にもとのように建て直された。東の牌楼の正楼東側には「凌霄《りょうしょう》」「瑛《えい》日」と書いた扁額があり、西の牌楼の正楼東側には「鏡月」「綺霞」と書いた扁額が掛かっている。東西の牌楼と十七孔橋、南湖島の屋敷の東垂花門は東西方向の軸線をなしている。南の牌楼の正楼北側には「虹彩」の扁額、南側には「澄霽《せい》」の扁額があり、ちょうど広潤霊雨祠の山門に相対していて、東西の牌楼が広潤霊雨祠を取り囲むようになっている。

広潤霊雨祠は南湖島の東南部にあり、島の最も重要な建物である。乾隆年間に建てられたものだが、明代の西湖東岸の龍神祠の跡に新しく建てられ、「広潤」の名を賜ったものである。広潤祠が建ってからは、もともと毎年夏に黒龍潭で行われていた雨乞いの祭祀活動はここに移された。乾隆六十年（一七九五年）四月二十八日、乾隆帝が自ら龍王廟で雨乞いし、その晩に大雨となったので、翌日乾隆帝は龍神の称号にさらに「広潤霊雨」の称号を加えて贈ったのである。嘉慶十七年（一八一二年）五月七日には嘉慶帝が雨乞いをして霊験があったので龍神にさらに「広潤霊雨沛沢広生」の称号を贈り、今後毎年春秋に役人を遣わして祀りを行うよう命令を出した。咸豊十年（一八六〇年）、広潤霊雨祠は英仏連合軍によって焼き払われたために、毎年もとの場所に「ムシロ小屋」を掛け、役人を遣わして祭祀を行った。こうした状況は光緒十四年（一八八八年）に広潤祠が再建されるまで続いた。

広潤霊雨祠は周囲を赤い壁で囲まれ、真南には入母屋式の瑠璃山門があり、上に十個の吻獣がある。山門の上には嘉慶帝の揮毫による「広潤霊雨祠」の石の額が掛かっている。山門の両側および東壁の上には作りつけの門がある。山門の左右両側にはそれぞれ一本の高い旗竿が立っているが、これは祭祀活動の時に祭り旗を掲げるのに使われる。広潤祠は南向きで、間口が三間、柱の高さは三・三五メートル、建築面積が八十七・七平方メートル、前後に廊があって、両流れ式の黄色い瑠璃瓦の屋根である。入り口の部屋には「沢普如春」「霊岩霞い蔚」の扁額、「雲は大海に帰

広潤霊雨祠山門

り龍千丈、雪は長空に満ち鶴一群」の対聯がある。

島の建物のある敷地は広潤霊雨祠の西側にあり、小門と祠が相通じている。敷地は主に東垂花門・鑒遠堂・澹会軒・雲香閣・月波楼・北垂花門からなっている。東垂花門は東向きで丸い棟の並ぶ切妻式屋根で、後庇の柱の間に四つの仕切り門がある。鑒遠堂・澹会軒・月波楼は同一軸線上にある。鑒遠堂は北向きで間口五間、前後に廊があって両流れ式の屋根、南は湖水に面し波に乗るように建っていて、窓を開けて遠くをみれば一面の青い湖面である。乾隆帝は鑒遠堂を非常に気にいっていて当時よくここで食事し、休憩をとった。

澹会軒は間口五間、南向きで鑒遠堂に相対し、南北に廊があり、両流れ式の屋根、東西に二間の脇部屋がある。東垂花門・鑒遠堂・澹会軒の間は廊で繋がっていて四角形の小庭となっている。月波楼は二層の建物で間口五間、南向きで前後に廊があり、入母屋の屋根、「月波楼」の扁額が掛かり、下の両柱に、

一径の竹蔭　雲は地に満ち
半簾の花影　月は籠紗（紗の灯籠）たり
琪花と銀樹（美しい花や樹）は三千里
雲影と瑶台（玉のような建物）は十二層

という対聯があって、ここが雲や月を観賞するのにいい場所であることを巧妙に表現している。北垂花門は北向きで、間口は三間、光緒年間の改築の時に建て増しされたものである。

北門から東にかけて、月波楼と平行に相対しているのは広潤霊雨祠と同一軸線上にある二層の小楼・雲香閣で、間口五間、南向きで前後に廊があり、切妻式の屋根である。月波楼の西にはさらに西向きの垂花門があるが、これは光緒年間に改築したときに建て増しされたもので、門内は四間の南北に向いた値房（控え部屋）のある小庭で、西壁の中央に小門があるが、これは船着き場のある迎え門である。

涵虚堂は島の敷地の北、青灰色の石を積んで造った築山の坂の上にあり、万寿山の仏香閣と互いに輝きあい、遙かな対景となっている。涵虚堂は乾隆年間に建てられたもので、南湖島最大の単体の建物である。もとは望蟾閣といい、乾隆十九年（一七五四年）に武昌の黄鶴楼を模して建てられた。三層の建物が聳え、空の光、水の色の中に見え隠れして、仙人の住む御殿のようであ

涵虚堂

る。嘉慶年間に改築されて涵虚堂となったが、咸豊十年に破壊され、光緒期に修復された。涵虚堂は北向きで間口五間、北側に三間の別棟があり、回廊があって面積は三百七十六・六平方メートルある。前後に棟が二つ並ぶ入母屋式の屋根で、上に吻獣（動物の飾り）がある。涵虚堂の南の階段の下にバルコニーがあって、四方を大理石で囲まれている。そのバルコニーの両側の石段を下りると北垂花門にでる。北側の楼は外側を大理石の欄干で囲まれていて、両側の急な石段は南湖島の北岸に通じている。石段の下に一つ、石の洞があり、洞門には「嵐翠間」の額があって、

岫《やま》を刊《けず》りて屏《へい》山を展《ひら》き　雲は凝《かたま》りて画を罨《おお》う
平らなる湖に鏡欄を環《めぐ》らし　波は漾《ただよ》いて空明し

という対聯がある。洞内には石段があって上下に通じている。

十二　蘇州街

蘇州街は「清漪園の宮廷市場」とも称され、乾隆帝が母親および后妃のために、昆明湖の後湖（北側の水路）の両岸に、江南水郷の店舗を模して造った遊びの「商店街」である。一八六〇年には英仏の侵略軍によって焼き払われ、慈禧太后が頤和園を建てたときにもとどおりにできないまま荒れる一方だったが、一九九〇年に清漪園の遺跡の上に復元され、頤和

園の中に深い歴史的な背景と豊かな文化をもった宮廷の水郷街ができ上がった。

蘇州街の再建には、きめ細かくも無骨、優雅にして豪胆という江南庭園の精髄を取り入れ、景観にも粗にして風格を失わない皇室の気概をもたせている。街の建築の構想は巧みで変化に富み、後湖の木陰の静寂という一面をもたせ、赤い壁に灰色の瓦という色彩は、南方のような白壁に反った屋根という特色とはまた一味違うものとなっている。ここは河の両側に店舗がひしめき合ってそれぞれ特色をもっており、わずか三百メートルの街に石の台、樹木、湖水と文化の香りが巧妙に混じり合って心地よい風景を生み出している。

遠くから蘇州街を望めば、変化に富んだ建物の輪郭が見え、街に入れば店や物の一つ一つが美観をそなえ、建築形式、

蘇州街

色彩、品質など美的な構想を発見するであろう。さらに優雅に揺れ動く後湖の水と静かな風光を融合させ、雄大な四大部洲（万寿山北側中部の中国チベットの建築群）の下に集めて、静と動の細かくも興味深い造景手法により、廟と市場という商業モデルを実現している。蘇州街は立体的で生命感のある芸術形式をもち、自然景観と人文景観が調和し、南北の文化的な融合を反映している。蘇州街は、造園者の「人を基本にした」庭園設計の理念を示していて、独特の文化的特質を多角的に構築している。すなわち庭園美学・建築文化・宮廷市場の気品・店舗の陳列・経営内容など、多方面からその民族の伝統文化の情報を見せ、商店街と文化的な水辺の街のすばらしい交流を実現したものである。

蘇州街が建て直され街が開かれてから、毎年春節（旧暦の正月）の期間にはここで賑やかな「宮廷市場」のイベントが行われ、特色のある娯楽風景が生まれた。それぞれの門には紗張りの提灯が吊され、看板が懸けられ、珍しい民間工芸品や、豪快にして細やかな雑技など、都の庶民みなが伝統民俗の魅力を味わい感じ取る。また都ことばによる古い北京文化と柔らかで美しい水郷の風情がうまく統合されて、観光客は北方の庭園の特色と皇室伝統の宮廷市場を堪能することができる。めでたい春節には、ここは北京の庶民の注目の場所となっている。

蘇州街はお茶・大衆芸能・書道・酒・蘇州の刺繍・染め物・舟・凧・煙草・玉器など各種の文化が皇室の庭園文化に浸透し、江南文化と北京の庶民文化が流れ込んだところであり、店内の陳列や営業内容は清代の商業経営を模して再現し、「一流商店が一堂に会し、あらゆる業種が全集合」している。ここでは嗅ぎ煙草・凧・文房四宝・紫砂（日本の万古焼に似た焼き物）などの中国の伝統工芸品が、蘇州街という特殊な文化的手段を通して、その制作過程や制作技術と市場の需要がリンクしている。さらにはこうした制作工芸という形式で存在する無形文化遺産が有効に保護されるだけでなく、有形の庭園の景観と相互に依存しあい、相互に引き立てあい、頤和園の歴史と文化の蓄積を反映しているのである。蘇州街の十数年来の経営の基本方針は、常に経営と蘇州街の特色の関係を把握し、蘇州街特有の文化的特質を発展させることである。すなわち現実の需要と文化的位置づけにより、さまざまな層の内外観光客の中国伝統文化と民俗への関心を惹きつけ、そのことによって伝統工芸の伝承へと繋げていくことである。

十三　諧趣園

諧趣園はもとの名を恵山園といい、万寿山の東麓にあって、清漪園全体の構成上、重要な役割を果たしている。乾隆十六年（一七五一年）、江蘇省無錫の寄暢園を模して清漪園の中に前身の恵山園が造られた。諧趣園は鮮明に江南の庭園の特徴をもっており、中国の古典庭園の中の典型「園中の園」と謳われている。恵山園は寄暢園の「静かで美しい」江南の庭園の風格を継承している。面積は大きくないが、数畝（一畝は六・六アール）の池を中心に、周囲に各様式の建物が建っている。園門のほかに載時堂、墨妙軒、就雲楼、澹碧斎、水楽亭、知魚橋、尋詩径、涵光洞があり、これら一堂一軒一楼一斎一亭一橋一洞に曲水が道となり有名な恵山園八景を形づくっていた。嘉慶十六年（一八一一年）に恵山園は建て直され、園名も「諧趣園」となった。池の北岸には中心建築の涵遠堂があり、南岸には澹碧の大広間が建てられた。涵

諧趣園の冬

遠堂はもとの尋詩径と涵光洞のところにある。墨妙軒は湛清軒に、載時堂は知春堂に、就雲楼は矚新楼に、澹碧斎は澄爽斎に、水楽亭は飲緑亭に、それぞれ改名された。咸豊十年(一八六〇年)、英仏連合軍が清漪園を焼き払い、諧趣園もその時に壊された。光緒十七年(一八九一年)、慈禧太后は諧趣園の再建を主導したが、池は規則的な形に改め、池の周囲に知春亭・引鏡・洗秋・飲緑・澹碧・知春堂・小有天・蘭亭・湛清軒・涵遠堂・矚新楼・澄爽斎・知魚橋などの主な建物を造った。その中で、知春堂・引鏡・蘭亭・小有天は付属的な建物である。その他に回廊を建て、もともとあった四十六間の回廊と繋いで、ぐるっと廻る百十五間の回廊をつくり、建物を一体化させた。慈禧太后はこの園に滞在すると、よくここで魚を釣って遊んだ。

第四章

頤和園、山水の鑑賞

一　万寿山

頤和園の万寿山は、金・元代には形が甕《かめ》に似ていたので甕《おう》山と言われていた。これには別の説があって、ある古い記録によると、一人の老人が山を切り開いていると石の甕を掘り当てた。普通の甕の数倍もある大きさで表面には不思議な模様が彫られていて、中には数十のいろいろな物が入っていた。老人は甕の中のものを全部持ち去り、甕は山の西側においたまま、「石甕徙《うつ》りて、帝里（都）に貧す」という札を書いて立てた。明代の嘉慶年間に甕は果たして行方知れずになり、人力・物資もだんだん少なくなってしまったという。この伝説から、天下の不思議な石甕が、甕山の名称の出処の一つであることが分かるだろう。

甕山の地形や環境は、北京の西北郊一帯において独特の優勢を誇っていた。山の前には水が碧く澄んだ西湖があり、西には木々が青々と茂った玉泉山がある。甕山の上から遠くは都の宮門、近くは湖山の風景を望み見るこ

万寿山・昆明湖の眺望

とができた。元・明時代には甕山・西湖・玉泉山の間に山水が相連なって独特の地勢を造り出し、頤和園の前身である清漪園を建てるための絶好の条件をもっていた。

清代になり乾隆帝は甕山・西湖の天然の構成を基礎として大規模な人工的改造を加え、世に二つとない大型の皇室庭園・清漪園を造り上げた。頤和園の湖と山の形はこの時に定まったのである。清漪園の建設は乾隆十五年（一七五〇年）に始まったが、同年三月十三日、手を入れられた甕山は乾隆帝により万寿山と命名された。

万寿山の南側は比較的なだらかで、二百ヘクタール余りの昆明湖の水面に相対して「山によりて室を築く」「寺をもって山を包む」という考え方で大量の建築がなされ、自然の山川の気勢をより増している。光輝く高い楼や宮殿は、整然としながらも変化に富み、封建社会後期の帝王の生活の特色を反映し、清代皇室庭園の宏壮な勢いと典麗な風格を見せている。万寿山の北側は急で険しく、土地が狭いので、山の上の亭と台が互いに引き立て合い、静寂で奥深く、建物の配置は生き生きとして自由、自然の山林の風致と情緒が豊かであったが、清代後期の戦乱

楊柳青年画『万寿山観景』

によって万寿山の植物と建物は破壊された。光緒十二年（一八八六年）、政権をとった慈禧太后は清漪園の廃墟の上に頤和園を建て、万寿山・昆明湖というもとの構成にそったものにしたが、山の保修を重視しなかったので、水と土が流失する問題が出始めた。一九二八年から一九四八年の間は頤和園の山の姿を保修するような記載は何もなく、山道は久しく修理されず、水土の流失はさらに激しく、雑草は茂るに任された。

一九四九年になり万寿山の管理改修が始まった。一九四九年から一九七九年の三十年間に万寿山の個々の峰は約一メートル低くなった。一九八〇年に全山の山道および排水状況が調査され、五年の時間をかけて山道を全面的に修理し、山道の両側には青灰色の石を積んで溝をつくって排水し、山裾の多くの場所に石を積んで、土砂の流失は好転した。一九九〇年代からは、園全体に緑化と山の手入れを進め、溝を埋め、景福閣の北から楽農軒の東までの山を旧状に戻し、万寿山全山の坂を修理し、青灰石で山裾を覆い、太湖石で斜面を補修し、雲形石を地面に敷いて路面を直し、全山の雑草を除いて芝生にした。歴史に残された土砂の流失問題および山の緑化問題はほぼ解決をみて、万寿山の山形も比較的良好に保護されている。

二　昆明湖

昆明湖は頤和園の精髄ともいえ、二百二十ヘクタールにも及ぶ水面は頤和園全体の四分の三の面積を占めている。最初は天然の湖で、三千五百年以上の歴史があり、北京城の歴史より古い。一九九五年、中国地質鉱産省が組織した「昆明湖堆積研究課題グループ」は、中国社会科学院考古研究所の「炭素一四（14C）」実験室と、北京大学考古学科質量スペクトル実験室が提供したデータに基づいて次のような結論を出した。甕山湖（昆明湖の前身）は河の浅瀬が発達してできた浅い湖沼である。三千五百年から三千年前の夏・商の時代は湖沼の初期段階で湖水は変動していた。約二千三百年前の商から周末にかけて、湖水部分がだんだん固定してきた。二千三百年から九百年前、周末から宋代にかけて湖水の量が減少し、一度干上がった。元・明時代に湖水が増え、湖水が安定してきた。清の乾隆十四年（一七四九年）以降、自然湖は人工湖となった。

昆明湖（その頃は西湖）の人工的な開鑿による改造は清の乾隆十四年に始まったが、その頃には西湖の西側と北側に静明園、静宜園が建てられており、東側には円明園、暢春園があった。この四つの庭園は、あるものは山があって水がなく、あるものは水があって山がない。四園の中心に位置する甕山は南向きの好条件で西湖とは北山南水という地形になり、適当な改造を加えれば天然の山水園を造る基礎となる。乾隆帝は綿密な地質観測の後、ここに大型の皇室庭園を造ることに決めたが、造園に先立つ工事として北京西北郊の水系の整理があった。乾隆初年、西湖は北京西北郊最大の天然湖沼であり、北京市内の用水をまかなうだけでなく、通恵河の上流の水運を担い、付近の広い田畑の灌漑に使われていたので、次第に多くなる庭園の用水に湖水は応じられなくなっていた。その上明代以来、雨が降ると西湖の水が氾濫し、堤防もよく決壊した。それだけでなく湖東の農地や地勢の比較的低い暢春園などに対しても脅威となっていた。このため乾隆帝は一七四九年冬、水利事業を名目に国庫のお金で民間労働者を雇い、農閑期を利用して二ヶ月ほどの時間のうちに、事前に計画されていた庭園の設計方針に従って、西湖に対して史上に例のない浚渫拡大工事を実施した。

工事は主として二つの内容からなっている。その一は、西山・玉泉山一帯の水路と泉源を修理すること、その二は西湖を拡張して貯水の容量を大きくすることであった。乾隆帝御製の次の詩は、この工事の真の記録となっている。

西海は水地を受け　歳久しく頗る泥淤《でいお》（泥の堆積）たり
疏浚《そしゅん》将に命じて作《な》さしめ　内帑（皇帝の財産）は余儲（蓄）を出す
冬の農務の暇に乗じ　値を受けて貧夫をして利せしむ
事を蔵《ととの》うること未だ両月ならざるに　居然として（さながら）具区（太湖）に消《に》る

湖を掘る工事は二ヶ月を費やして乾隆十五年（一七五〇年）一月に終了した。同年三月十三日、乾隆帝は改造した湖を昆明湖と名付ける勅諭を出した。昆明湖の工事は、天然の湖沼を地下湖から地上湖へ、天然湖から人工湖へと変え、三千三百ヘクタールの広い水面をもつ湖を皇室に納め、御用達の湖としたのである。

母親の六十歳の祝いに、天下にむけて孝行をして見せた乾隆帝は、細心の計画をもって設計した山々水々と廊閣亭台の青写真を慈母に捧げ、清漪園の土木工事はこれより全面的に始まった。円静寺の跡地には「大報恩延寿寺」を建て、甕山を万寿山にし、湖底を浚った土を使って岸堤を造り、万寿山の急な斜面を埋めて緩やかにし、昆明湖の水と万寿山で全体を囲み、湖と山を中心にした庭園の基調を確定させた。十余年の止むことのない工事を経て、豊かな構成と合理的な配置の、一幅の自然の山水画が生まれ、霧にかすみ、波が広がる昆明湖の上には、縦横に広がった南湖島と東堤の十七孔橋、西堤を一線に繋いだ。遠景は無限に広がる田畑が遙か天の際まで延び、東を見れば園外の湖沼と村々が星空のように広がっていて、当時の皇室の庭園・暢春園の鳥瞰風景を引き立てている。西を望めば玉泉山・西山の借景と園内の風景が渾然一体となっている。江南の名園の静寂・透明感と北方の庭園の粗にして豪放な感覚が清漪園の中で完全に結合し、自然の景観と人文的景観がぴったり合って融合し、中国の伝統文化と造園芸術が相互に影響しあい、清漪園を中国伝統の庭園造営の頂点にのし上げたのである。

頤和園の造園芸術においては水の景色が圧倒的で、全園の四分の三を占める昆明湖は北京の庭園の中で最大の水域で、主要な建物は全部水のまわりに建てられ、湖をめぐる石の欄干は、水と陸地の往来を自然なものとしている。清冽な湖面は秀麗な万寿山、峨峨たる仏香閣

君山

清漪園時代の治鏡閣（1869-1870）

を倒影し、湖と山の風景を調和・統一している。湖面上の処理においては、中国伝統の「一池三山」という造園芸術を継承し、水上の島の涵虚堂・藻鑒堂・治鏡閣という三つの建物を浮き上がらせて神話伝説の「海上の三つの仙山」に喩えている。

それは渤海にあって仙人が住んでいるという蓬莱・方丈・えい瀛洲の三つの山のことである。『史記・秦始皇本紀』の記載によれば、斉の徐市（徐福ともいう）は始皇帝に上書して、海中に蓬莱・方丈・瀛洲という名の三つの仙山があって、龍が群れなして住んでおり、金玉瑠璃の宮殿があり、多くの仙人はここに来ると天に昇る気持ちがなくなり、みな住み着いている、といった。不老長寿を強く望んでいた始皇帝にしてみれば、これは仙丹を手に入れるいい機会と思い、徐市に童男童女数千人を与えて海に行き仙薬をもって帰らせようとした。この伝説が次々と伝わって、始皇帝以来、歴代帝王の不老長寿の願望が託せられることになった。庭園の水の扱いにおいても「一池三山」は、必ず守らなければならない原則となり大々的に広がっていったのである。昆明湖の三つの島は古い名前は付けられていないが、形式は同工異曲であり、乾隆帝の次の詩のようなデザイン思想と芸術効果を具体化したものである。

一道の長堤は両湖を界《へだ》て　三間の高閣は中区に居す
山光・水色は東西に望み　魚躍と鳶飛（『詩経・大雅』の句）は上下に倶《そなわ》る

昆明湖の西に、杭州は西湖の蘇堤を模して造った楡と柳が茂る長い西堤があって、湖水を昆明湖と団城湖の二つに分けている。遠くから見るとこの長堤と玉泉山・西山という借景が融け合って、頤和園の有限の空間を広大無辺のものにしている。堤にある六つの橋は、形はさまざまだが優美で、六つの真珠が散ったようでもあり、飛び跳ねた音符のようでもあり、それが一本の長堤に貫かれている。もしこの六つの橋がなかったら、西堤は変化のないものになったであろう。湖中にはさらに宏大な十七孔橋があって、虹か細い月のように水面に映っているし、湖畔には有名な石舫や、春の景色を愛でる知春亭などの点景となる建物がある。水を鎮めるための迫真の銅牛と対岸の耕織図（水稲耕作と蚕織作業を描いた絵）の建物が遙かに呼応していて、

漢家の歌笑は昆明の上
牛女（牽牛織女）は徒成（川を渡って会うこと）して点景為《な》る

というような手の混んだ絵巻物となっている。

第五章

頤和園の逸話二つ

一　太平花

排雲門の前にある太平花（バイカウツギ）は慈禧太后の頃に植えられたものだという。一九〇三年以降、慈禧太后は頤和園で外国の使者を接見すると、いつも西欧の客人をわざわざここに連れて来て、この花を観賞させた。西洋人に好意を示し、天下に太平が続くことを願ってのことである。さらにその時彼女は太平花を使ったお土産を王公・大臣に賜ったので、太平花の話はだんだん遠くまで伝わり、ますます貴重なものとされた。少なからぬ王公・大臣、金持ちがみなこの花を植えることを光栄と思った。

太平花は四川省の剣南一帯が原産地である。この花は枝葉が茂り、花は乳黄で清々しい香りがし、数輪が集まり一斉に開花する。しかも密集して綴り合わせたように咲き、古い花も萎まないうちに新しい花が続いて咲き頗る美しい。よって四川の人は「豊瑞花」と呼んだ。その後、ある人が豊瑞花の絵を描いて天下に知れ渡った。人々は、この豊瑞花が芝生や御苑、庭園の道の曲がり目や建物の前に植え込まれたのを見て、とてもふさわしいと感じた。そこで宋の仁宗の時に、ある人がこの花を都の汴梁《べんりょう》、つまり今の開封に届けた。宋の仁宗は非常に喜び、この花には太平の意味があるとして、「太平瑞盛花」と名前をつけ、庭院の中に植えた。天会五年（一一二七年）に、金の兵が汴梁城に攻め込み、宋朝の御花園から太平瑞盛花を移して金の中都（今の北京南西部）と西郊に植えた。

金朝滅亡後、金の中都の太平花は棄てられたが、北京の西郊に植えた太平瑞盛花は盛んに咲いた。清朝の皇帝はこの花を見つけ、同様に善と美の象徴であるとして暢春園と円明園に移して植えた。嘉慶帝が亡くなると、道光帝はその諡《おくりな》を避けるために、太平瑞盛花の「瑞盛」の二字をはずすよう命じ、直接「太平花」と呼ぶことになった。

しかし、太平花はさらに災難に遭うことになる。咸豊十年（一八六〇年）、英仏連合軍が西郊の三山五園を焼き払い、太平花はほとんど全部焼かれてしまったが、暢春園の中の二株だけが残った。慈禧太后は頤和園再建の時に、この残った二株の太平花を排雲門の両側に植え替えた。ところがなんと、それから四十年後、八カ国連合軍が北京を占領し、排雲門前の太平花はまた大きな災禍に遭う。慈禧太后は西に逃亡した後帰って来て、太平花が枯れてしまったのを見て悲しみ、太平花の花壇に他の花を植えてはならぬと命じた。すると俗に、

野火は焼けども尽くさず、春風の吹きてまた生ず

というように、二年目の春、一株が新芽を出した。これを知った慈禧太后は大興奮、人をやって丁寧に保護するとともに、その一部を排雲門脇の別の場所に移植した。

春の終わる頃、辺りは太平花のほのかな香りに包まれ、花・蕾が何百何千と盛んに伸びてきたのである。歴史上、ある花が二つの王朝の皇帝から名前を賜るというのは、まずないことであろう。「太平花」という、単純だがめでたい名前は、そういうわけで現在まで使われているのである。

二　眺遠斎の伝説

北京の西によく知られた妙峰山という山があり、その山の上に子授けの廟があって、毎年四月五日には縁日のお祭りが行われていた。当時北京と周辺の各県では民間で参加者を組織し、妙峰山にお参りに行った。毎年四月一日になると多くの人がお祭りに行き始めるのだが、途中、大有荘の廟の前の広場に集まってひと騒ぎした。そこではいろんな旗が風にはためき、銅鑼や太鼓が響きわたり、爆竹が一斉に鳴る。歌うやつもいれば踊るやつもいる。雑技をや

ったり、演武をやったりで非常に賑やか。一方、頤和園の中はひっそりと静寂そのものだった。ある年の四月、慈禧太后は平素住んでいる楽寿堂を出て、景福閣から諧趣園に遊びに来ていたが、園の外の天をとどろかすような銅鑼の音を聞いて宦官の李蓮英に聞いた。

「園の外は何故にこうも賑やかなのじゃ？　彼らは何をしておるのじゃ？」李蓮英は慌ててお答えした。「外はお祭りをやっておりまする」。すると慈禧太后「わらわもその祭りに行ってみたいものじゃのう」。李蓮英はひどく慌てて叩頭し、「太后さまが園からお出ましになりお祭りを御覧になると、何事か起きた時に私どもは対応できませぬ。それに今年の祭りはもう終わりまする。来年は玉殿を建てて差し上げまするゆえ、太后さまには園から出ることなく、お祭りを御覧いただけまする」と答えた。

その年の秋、李蓮英は慈禧太后の意向をもって内務府の工事担当の大臣に命じて大工事を始め、眺遠斎を建てさせた。翌年の四月、お祭りの日が来ると、李蓮英は楽寿堂に行って申し上げた。「太后さま、どうぞお越しになり、お祭りを御覧くださりませ」。慈禧太后は八人が担ぐ大きな輿に乗り、宮女や宦官など大勢を従え、李蓮英自らは輿のお先棒を持って、ゆるりと万寿山の北側に向かった。赤城の霞起城の城門を通って諧趣園の宮門を過ぎ、北に向かい坂道を上り下りして眺遠斎に到着した。慈禧太后には正面の玉座に座っていただき、李蓮英は申し上げた。「太后さま、どうぞ外を御覧あそばせ」。太后が北を向くと、廟の前は黒山の人だかり、ぐるりと祭りの催しを取り囲んで大変な賑わいが見えた。

慈禧太后は大変に喜んで祭りを楽しみ、「李蓮英は仕事ができるやつよのう」と何度もお褒めになった。それ以来、眺遠斎は慈禧太后が祭りを見る場所となったのであった。

おわりに

頤和園は中国の伝統文化と皇室文化を集大成したもので、自然と人文科学・芸術の成果が内包されている。そして中国の庭園芸術史を総括するものであり、その最高の到達点という意義をもっている。

一九九八年、頤和園は国連ユネスコの「世界遺産」に登録され高い評価を受けた。

・北京にある頤和園は中国の風景庭園造園芸術の傑出した表現であり、人工的景観と大自然が調和融合したものである。

・頤和園は中国の造園思想と実践が集中的に体現されたものであり、こうした思想と実践は、東アジアの造園芸術の発展に対して重要な作用をもたらしている。

・頤和園を代表とする中国の皇室庭園は世界の大文明の一つであることの有力な象徴である。中国の封建的帝制は、帝王が独占享受する皇室庭園を生んだが、世界的な首都づくりにおいて豊かな今日をもたらし、頤和園の発展は都市文化の発展につながっていくであろう。

今日の社会において、頤和園は都市の生態を調整する自然の山水という積極的役割を果たしており、古都の風貌を体現する重要なシンボルであり、庭園都市の建設のための顕著な例証となっているのである。

「史話」編集委員会

編 集 長　龔莉
副編集長　辛徳勇
編集委員　唐暁峰／韓茂莉／鐘暁青／呉玉貴／彭衛
本書主筆　馮賀軍（紫禁城・頤和園）／張晶晶（天壇）

訳者（五十音順）

福井ゆり子（ふくい ゆりこ）

東京都生まれ。立教大学文学部史学科卒。出版社に勤務後、北京へ留学。中国国営雑誌社勤務を経て、現在、日本で翻訳業に従事。

森田六朗（もりた ろくろう）

早稲田大学文学部東洋哲学専修卒業。出版社勤務の後、北京の大学で12年間にわたり日本語・剣道を指導。剣道教士七段。著書に『日本人の心がわかる日本語』、『北京で二刀流』など。現在、東京中央日本語学院講師。

中国文化史話① 古都北京 編

紫禁城　天壇　頤和園

2022年12月31日　第1版第1刷発行

編著者　「史話」編集委員会
訳　者（五十音順）　福井ゆり子

森田六朗

発行人　穆 平
発行所　株式会社 尚斯国際出版社
〒101-0051　東京都千代田区神田神保町3丁目11番
安田神保町マンション505
電話　03-4362-0075

発売元　株式会社 日本出版制作センター
〒101-0051　東京都千代田区神田神保町2丁目5番
北沢ビル4F
電話　03-3234-6901

印刷・製本　株式会社 日本出版制作センター

写真提供（P342）・イラスト提供（目次、章扉、P12-13）：iStock

Shoshi International Publishing Inc.　Printed in Japan　ISBN 978-4-902769-32-6